マネジメントは格闘技

インパクト・コンサルティング
久保昭一／布施 肇／内田士家留

実業之日本社

はじめに

　私たちが研究・開発・設計部門のコンサルテーションに携わって30年近くになる。その間に約250社の企業で延べ2万人近いマネジャーや技術者にお会いし、組織マネジメントの革新と組織風土活性化への取り組みをお手伝いしてきたことになる。
　この革新活動が始まった1980年代に比べ、現在の日本企業が生み出すハードウェア、ソフトウェアは飛躍的に技術レベルが上がり、市場ニーズに応えて多様化した。品質は高まり、スピードが要求される新製品開発期間もかなり短縮されている。
　その一方で、私たちが知る限り、職場の状況はこの30年間でそれほど大きくは変化していない。
「プロジェクトが計画どおりに進まない」
「納期遅れがたびたび発生する」
「設計ミスに気がつかず大きな品質問題になってしまった」
「はじめに掲げた技術目標が達成できない」
「開発期間が短縮され、目がまわりそうだ」
「マネジャーは会議に忙しくて席にいることが少ない」
「マネジャーが部下の面倒を見る余裕がない」
「分業化が進んで、隣の人の仕事さえわからない」
「仕事で困ったことが起こっても相談相手がいない」
「若手社員の成長が遅い」

このような経営者、マネジャー、メンバーの問題意識や不平不満は、相変わらず解消される兆しがない。1人ひとりは真面目に働き、真摯な態度で仕事に向かっているが、職場状況は一向に改善されないままである。
　そのような問題を解決し、開発職場をよりよい状態に革新するのがインパクト・メソッドの活動である。そして、この活動が目指す「業務成果と、個人と組織の成長」の同時実現は、ますますその価値を高めている。
　その一方で、現在の複雑化を極めるビジネス環境のなかでは、マネジメントの意味と役割が大きく変わろうとしている。本書で「マネジメントは格闘技」というコンセプトを打ち出すのも、それが今後の企業経営に必要とされると感じているからである。
　なお、「マネジメントは格闘技」のコンセプトについては、私が担当させていただき、プロローグで詳細に解説した。
　この実践事例集は明星電気様、NECソリューションイノベータ様のご協力を得て制作できたものである。活動全体から見れば、ご紹介できるのは一部に過ぎないが、それでも革新活動にとって「格闘」の要素がいかに重要であるかはご理解いただけるはずである。
　第1章の明星電気様の事例では、石井潔社長、柴田耕志取締役兼執行役員、小楠哲也品質管理部長（当時）、福原秀樹主査をはじめとする方々が、インパクト・メソッドの活動を通して開発職場の問題を解決し、職場を活性化していくプロセスを時系列で追った。活動の各フェーズで関係者が「格闘」へと踏み出し、乗り越えていく様子をぜひ

ご確認いただきたい。

　第2章では、2010年にＮＥＣソリューションイノベータ様のＥＲＰソリューション事業部で始まった4年間にわたる活動を紹介する。4つのパートに分け、市川博之執行役員、刀禰剛グループマネジャー、坂本浩一マネジャー、児玉健治事業部長が取り組んだ「格闘」に焦点を当てる。導入に尽力した市川執行役員をはじめとして、それぞれの思いと成果を確認していただきたい。しかしながら、導入から4年後に職場状況が残念なことに低迷し始め、そこへ再び活動の火をつけるプロセスは革新活動のモデルとしても貴重である。

　いずれの実践事例も、当時者の「格闘」が成果につながり、問題を抱えた組織から強い組織へと変革する様子を知ることができる。この実践事例集を制作するにあたり、明星電気様、ＮＥＣソリューションイノベータ様の皆様には、多大なご協力をいただいた。この場を借りて御礼を申し上げたい。

　2社の実践事例は、マネジメントの本質をつかむ手がかりとなり、革新活動に取り組む多くの日本企業に成功のヒントを与えることになると思う。本書を通して、マネジメントにおける「格闘」の意義と重要性をお伝えできれば幸いである。

2015年7月

株式会社インパクト・コンサルティング
代表取締役　倉益幸弘

Contents

はじめに 001

序章 マネジメントは格闘技〜格闘とは何か 008

第1章 明星電気
〜マネジメントの本質をつかむ
　マネジャーの闘い

1-1　経営に悪影響をおよぼす品質問題 032
1-2　変わるきっかけをつかみそこねたマネジャー 045
1-3　自分の価値観との闘い そして新しい価値観の芽生え 072
1-4　格闘によって生まれ変わった組織 098

第2章　NECソリューションイノベータ
〜チームを革新へと導く　マネジャーの闘い

2-1	強いマネジャーをつくる！	114
2-2	すべてを抱え込むマネジャーを解放せよ！	129
2-3	メンバーとともにチーム力アップ！	154
2-4	停滞した組織の活性化を図る！	173
2-5	よい組織風土をつくるために トップがすべきこと、考えること	190

	おわりに	200
付録	インパクト・メソッド用語集	202

装丁・本文デザイン■株式会社オオノデザイン
編集協力■伊田欣司／外﨑 航／朽木丈人／大下明文／平沢真一／有限会社バウンド
イラスト作成■すざ木しんぺい

Prologue

マネジメントは格闘技

～格闘とは何か

Prologue

マネジメントは格闘技

マネジメント革新＝「型」×「心」×「格闘」

　スポーツの世界でも、習いごとの世界でも、そしてもちろん経営革新、マネジメント革新を行うことにおいても「よい結果」や「ありたい姿」にするためのやり方や方法論がある。しかしながら「よい結果」が出ているやり方を同じように真似してみても、その本質が理解できていなければ、よい結果につながらない。

　私たちのインパクト・メソッドも同じで、「業務成果」と「人と組織の成長」の同時実現を達成するための方法論があり、それを正しく展開するためには、本質的な理解が必要である。それができなければ、「業務成果」と「人と組織の成長」の同時実現はできない。

　インパクト・メソッドの方法論は、取り組みにおける基本という意味で「型」であり、その「型」の本質を正しく理解し、行動することが「心」である。さらに組織やチームにおいては、経営の要請に対して自らが主体的に他者に働きかける存在となることが求められ、そこに「格闘」することが必要となる。

　そのため、私たちはマネジメント革新を実現する方程式を次のように考えている。

　　マネジメント革新＝「型」×「心」×「格闘」

インパクト・メソッドの「型」とは、仕事の進め方を革新し、組織の状態をより高いレベルに押し上げるための方法論を指している。

ビジネス環境に対応できない多くの開発職場には、仕事の進め方に3つの悪しき慣習が見られる。職場内の状況共有が不足している「コミュニケーション不全」、極端に個人分業と個人依存が進んだ結果の「個人商店化」、そして仕事のゴールとプロセスが明確でない「あいまいなスタート」である。

このような職場の慣習に対して、私たちは3つのアプローチで革新活動を進めていく。お互いの思考や仕事状況の共有を実現する「コミュニケーション革新」、問題に対してすぐ手を打ち、さらに将来的に起こりうる問題としての課題に未来志向で手を打つ「問題・課題解決革新」、全員の知恵と能力を結集する「チームワーク革新」である。

この3つの革新は、チーム全員が参加する「段取りコミュニケーション」を入口として6カ月から1年をかけて進めていく。段取りコミュニケーションではマネジャー、リーダー、メンバーが協力し、模造紙と付箋紙を用いて、開発プロジェクト全体の計画を見える化していく。そこでは現在の問題や未来に起こりうる課題を予測し、全員の知恵を集結して高い精度の計画が立てられる。プロジェクトで解決する技術課題や製品の仕上がりイメージが明確になり、個々のメンバーが担当する業務内容も細かく精査される。メンバーの負荷量は、お互いにサポートしあう体制によって調整され、職場全体の負荷量が平準化されていく。また、その過程でベテランの経験が若手メンバーに伝わり、早期の人材育成も可能になる。

この「見える化」を活用した段取りコミュニケーションを中心とし

た３つの革新が、インパクト・メソッドを実践する上での「型」である。マネジメント革新の方法はさまざまあるが、私たちの経験からすると、最低限この３つの革新がなされなければ他に何をやろうと職場は変わらない。

「心」は、仕事やマネジメントに対する正しい考え方と行動

　インパクト・メソッドを導入した企業は、早ければ３カ月ほどで職場によい状態がもたらされる。特に若手スタッフは、個人商店化によって仕事の悩みを相談できなかった状況が一変する。仕事のモヤモヤ感が解消され、短期間で成長実感を覚えるケースも少なくない。

　その一方で、たとえば「見える化」の意味を誤解し、マネジャーが「見える化」を部下の日程精度向上や日程管理強化に活用し、自らが関わらずに部下に「やらせる」スタンスをとるとうまくいかない。第三者から見れば、段取りコミュニケーションのなかで行っている「見える化」は、正しく理解した場合も誤解した場合も同じように見えるが、結果は完全に違ったものになってしまう。

　そこで問題になるのが「心」の部分である。インパクト・メソッドにおける「心」とは、仕事のやり方、マネジメントの仕方についての正しい考え方と行動である。先に挙げた「コミュニケーション不全」「個人商店化」「あいまいなスタート」による仕事の悪循環が起こる潜在的かつ本質的な要因は、組織を預かる責任者やメンバーの仕事のやり方に対する「考え方」「価値観」と、仕事そのものが持つ業務特性に起因している。

　入社以来、何の疑問も持たずにやってきた「結果につながらない仕事のやり方」や、自分自身の仕事上の経験が、考え方・価値観となっ

ているのである。

　そのため、結果につながらない誤った考え方・価値観には気づきにくい。だからこそ、それらを壊し、好結果を出す正しい仕事のやり方のための考え方・価値観づくりと、行動が必要となる。

　そして、「業務成果」と「人と組織の成長」を同時実現するために、「型」と「心」をふまえた実践となるのだが、それはひと筋縄ではいかない。そこには、経営成果との「格闘」、組織を動かすための自分自身そして周りの人との「格闘」がある。組織を預かる責任者の方々を中心とした「格闘」こそが、好結果を出すための重要なカギとなる。

好結果を出すマネジャーの共通点

　インパクト・メソッドは30年近くをかけて、進化と成長を続けてきた。それは実際に活動した企業のマネジャーや開発担当者の方々とともに試行錯誤した結果である。

　本書のタイトルにもなった「マネジメントは格闘技」は、8年ほど前に私たちが打ち出したコンセプトだが、ひとつのヒントとなったのは、ある企業の新任課長研修だった。

　その企業では1990年代半ばから開発現場でインパクト・メソッドに取り組み、2000年代半ばには、課長に昇進した社員の研修にもインパクト・メソッドを取り入れた。開発部門だけでなく、企画・管理部門や生産系のスタッフ部門の課長も対象者に含まれていた。

　同社の新任課長は30代後半から40代前半で、毎年40人から50人が研修を受講し、10人前後のグループに分けて約6カ月かけて実施される。知識の習得だけでなく、職場で実践しながらマネジャーの仕

事を理解し、実践的マネジメント能力を身につけてもらうのが研修の目的である。

　新任課長を対象とした研修では、職場グループの全員参加で進める通常の活動とは違った面が見えてくる。職場で好結果を出すマネジャーと、結果を出せないマネジャーが顕著に分かれる点である。

　新任課長はモチベーションが高く、マネジャーに必要な能力を身につけたいと積極的な気持ちで研修に臨む。組織を預かるプレッシャーだけでなく、周りは同時期に昇進した人ばかりで競争意識も高い。

　しかし、同じスタート地点に立ったばかりで、マネジメントの経験はほとんどない。それでも成果に大きな差が出ることは注目に値する。

　好結果を出すマネジャーには共通した行動が見られる。彼らはプロジェクトを計画的に進め、そのなかで技術課題をクリアし、メンバーの負荷状況や心理状態もしっかり把握していた。私たちは彼らに共通の行動がなぜ起こるかを考えてみた。

　彼らの行動を詳細に見ていくうちに浮かび上がってきたものは、「マネジャーである私が問題に関わる」という意識である。インパクト・メソッドではこれを「自人称行動」と呼んでいる。

　好結果を出すマネジャーは、会社から与えられたミッションに忠実であり、自ら進んで目標に挑戦していた。職場に多くの問題・課題を見出し、その解決に向けて的確かつ主体的な行動をとっていた。メンバーに働きかけ、仕事の革新に取り組む意欲も引き出していた。彼らがとった行動には、どのプロセスにも自らが関わり方を変える格闘があったといってよい。

　それでは、結果を出すマネジャーはなぜそのように考えるのだろうか。結果につながらないマネジャーと何が違うのだろうか。

結論から言うと、結果を出せるマネジャーは結果を出すためにメンバーや周りに自分がどう働きかけをすればよいかがわかっている。結果を出すために自分がどう振る舞わなければいけないのかがわかっているのである。

裏を返せば、仕事の問題が起こる悪循環に対して、マネジャー自身の考え方や行動がどのような悪影響をおよぼしているのかがわかっているから、どのように変えればよいのかがわかる。つまり、「自責」で考えているのである。自らが関わらなければ問題は解決しないと考えるのだ。そしてその関わりこそが、格闘である。つまり、格闘の本質は自人称行動なのである。

マネジャーは何と闘うか

マネジャーの格闘は、大きく分けて次の3つの領域があると私たちは考えている。
①会社から与えられたミッションとの格闘
②自己変革に向けた自分との格闘
③メンバーはじめ周囲の人たちとの格闘

インパクト・メソッドでは、マネジメントについて次のように定義している。

「会社から預かった組織の成果に対し責任を持つための、マネジャーの〈ものの見方〉と〈問題・課題解決行動〉」

マネジャーは会社から組織を預かり、ビジネス活動の成果に対して責任を持つ。そのため、マネジャーが取り組む第一の格闘は、会社か

ら与えられたミッションを果たすこと、ビジネス成果を上げることになる。
　この格闘には、主に次のようなものがある。
○数値目標との闘い
○ライバル会社との闘い
○新商品創出との闘い
○商品力向上との闘い
○技術課題解決との闘い
○組織連携との闘い
○納期・時間との闘い
○職場全体の負荷との闘い

　マネジャーは会社から組織を預かる以上、これらの闘いから逃げることはできない。ビジネス成果を出さなければ、マネジャー失格となる。いわば強制力がともなう格闘である。
　本書の実践事例でも、マネジャーには必ず会社からミッションが与えられている。売上や利益の数値目標、製品開発では高品質・短納期・低コスト、部下の負荷軽減などである。
　これらの闘いは、マネジャーひとりの力ではどうすることもできない。上司、部下、関連部署、協力会社など多くの関係者に一緒に動いてもらわなければ勝つことができない闘いである。
　ミッションを自覚したマネジャーは、周囲の人たちに働きかけて協力を得ようとする。しかしそう簡単に、他人は自分の思いどおりには動いてくれない。特に部下は、ビジネス成果を生むための人的リソースとしては最も重要で人数も多い。自部署のメンバーが、同じ目的と目標を共有して動いてくれなければ、経営に期待される成果の最大化

は図れない。

　マネジャーの多くは、ここでつまずきを覚える。本書の実践事例でも、メンバーが思うように動いてくれないために悪戦苦闘するマネジャーが何人も登場する。

　インパクト・メソッドでは、活動成果の第一に「組織によい変化が起こること」を掲げているように、マネジャーが望むチーム状況を実現することは簡単ではない。そのことは、マネジャー経験者の多くが実感しているはずである。チーム状況の革新には、メンバー1人ひとりに仕事の考え方や進め方を改めてもらう必要がある。ここが最大の難関だと考えていい。

　しかし、メンバーに動いてもらおうとする前に自らが考え方を正し、行動しなければチームは動かない。それが、自己変革に向けての格闘、つまり自分自身との格闘である。

　役割意識を持ったマネジャーは、メンバーや周囲の人たちに動いてもらう必要があることにすぐ気がつく。しかし関係者の意識変革、行動変革は簡単に起こらない。ただ大声を出して旗を振るだけでは、組織に好変化はもたらされない。

　他人を変えようと努めるとき、まず自分が変化する必要がある。マネジャー自身がそのことに気づいた瞬間から、第2の格闘はスタートする。

　自分自身との格闘の結果、メンバーや周りの人たちが変わることもある。だが、自分たちが変わらないといけないことに気づかないことも多い。そのときに、メンバーや周りの人たちに変革を迫るのが、第3の格闘である。

自分のマネジメントと向き合う

「マネジメントは格闘技」のコンセプトを打ち出して以降、私たちのコンサルテーションは、マネジャーの自覚を促す方向に進化してきた。

インパクト・メソッドでは、職場グループ全員が参加する立ち上げ研修で、まず職場の問題点を全員で共有する。はじめに実施するのが問題点の「吐き出し」である。ひとりずつに付箋紙とペンを配り、15分から20分かけて思いつくまま職場の問題点を書き出してもらう。多い人では30以上の問題点を指摘し、チーム全員で100を超える問題点が見える化されることもある。

指摘された問題点は、そのあとにチームで「マネジメントスタイル図」と「コミュニケーション状態図」という2種類の絵を描く材料となる。

職場の問題点はほとんどがマネジメントにかかわるため、マネジャーへの批判も少なくない。この吐き出しが不十分だと、その後の活動が正しい方向に進まないため、メンバーは遠慮することなく本音を吐き出すことが重要なポイントとなる。

立ち上げ研修のあと、マネジャーには吐き出しの付箋紙1枚1枚をしっかり読み込んで職場の問題点と向き合ってもらう。何が原因でその問題が起こるのかをじっくり考えるわけである。

たとえば、メンバーが「業務の進め方で迷うことが多い」「わからないことを尋ねることができない」と書いた場合、その原因はどこにあるのかと考える。ここで重要なのは、マネジャーが「自責」の目でその原因を追及していくことである。もし、部下の知識不足や努力不足、あるいは会社の制度などに原因があると考えれば、それは「他責」となる。チームを預かり、マネジメントを任されている自分の責

任ではないという発想である。

　問題の原因を「他責」で考えるマネジャーは意外に多い。何でも他人や環境のせいにし、自分の行動に目を向けないタイプである。
　このようなマネジャーは、問題の本質を見極めることができない。いつも見当違いな原因を見出し、誤った解決策を打とうとする。そこには格闘がない。当然、いつまでも問題は解決されることなく、チーム成果を高めることもできない。結果を出すマネジャーの共通点でも触れたが、「自責」になることがスタートである。
　マネジャーの格闘を重視し始めてから、インパクト・メソッドの活動はプログラムの初期段階が大きく変化した。マネジャーの「自責」と格闘への挑戦を促すプログラムを多く取り入れている。

マネジャー人生に影響を与える上司の存在

　そのようにコンサルテーションの進め方を改めても、やはりマネジャーごとに成果の差は表れる。格闘に挑むマネジャーと、格闘を避けようとするマネジャーに分かれる。いわば格闘力があるマネジャーと、格闘力のないマネジャーである。
　そのような違いがなぜ出てくるのか。理由はいくつも考えられるが、最も大きいのは自分自身に課している使命感に関する認識の差だろう。自分は何のためにこの会社で働き、なぜ部長や課長といった役割を与えられているのか。会社や上司、部下から自分は何を期待されているのか。その期待に応えるために、どのような行動をとり、どう振る舞うべきか。そのような認識が明確なマネジャーは、自ら格闘に挑戦できる。

好結果を出すマネジャーと、結果を出せないマネジャーに、社会人になってからの成長過程について尋ねたことがある。好結果を出すマネジャーは、自分が現場の担当者やリーダーだった時代に、目標とすべきマネジメントに長けた上司に出会っているケースが多い。上司がマネジャーとしてとるべき行動や振る舞いを示してくれたおかげで、彼らはマネジメントの本質が早くから理解できている。

　インパクト・メソッドでは、はじめに部課長クラスを対象に丸１日のマネジャー研修を実施し、午前中はマネジメントの本質、マネジャーが果たす役割についての講義がある。このとき、受講者の理解度は、顔の表情でおおむね把握できる。
　最も理解度が高いのは、目を輝かせて大きくうなずいているマネジャーである。彼らの多くは、講義内容と一致する実際のマネジメント体験を持っている。過去に出会った優れた上司の行動や振る舞いである。そのような模範的な上司のなかには、自分がとった行動について背景や理由を説明して聞かせることがある。
　優れた上司の行動や振る舞いをよく観察し、吸収していた人たちは、正しいマネジメントについて語られると、細かい説明はなくても、自分が部下であった時代に経験した、具体的な行動のイメージがすぐに浮かぶ。自分が同じ立場になったときに「こういう場面で、あの上司はこんな行動をとっていた」と瞬時に思い出し、真似できるのである。
　使命感に関する認識の差は、こうした原体験によるところが大きい。正しい仕事の進め方で高い成果を出す、職場の仲間とともに達成感を味わう、ビジネス人生を豊かなものにするといった価値観は、優れた上司から部下へと受け継がれることが多い。
　なかには、そのような体験がなく、自分自身で試行錯誤した結果、

正しいマネジメントの発想や行動にたどり着いたマネジャーもいる。しかしそれは、ごく少数の優れたマネジメントセンスの持ち主である。

　人数の比率で最も多いのは、「頭では理解できるが、実際にそうなるだろうか？」と半信半疑で聞いているマネジャーである。彼らは自分やメンバーに変革が起こり、高度なマネジメントのもとで活動する姿が想像できない。次元が異なる不思議な話を聞いているといった表情である。

　彼らのなかには優れた上司のもとで働いた経験をもつ人もいる。しかしマネジメントの視点で上司の行動を観察しなければ、何も吸収できない。上司も自分の行動について、理由や背景をいちいち説明することはない。

　彼らは活動がスタートして、職場がよい状態になる兆しが見えると変化が起こる。頭での理解から実体験へと進み、仕事のうえで"ご利益感"(インパクト・メソッドの効果を実感すること)が得られた結果である。そこから活動が急激に進展し、成果が高まるケースも多い。

　そして、最後まで結果が出せないマネジャーもいる。彼らはマネジャー研修の時点から、講義内容を受け入れる姿勢がない。評論家的な態度で批判的に聞いているか、自分とは関係ない他人事として聞いている。おそらく過去に優れた上司に出会ったことはなく、誤ったマネジメント環境で育ってきたマネジャーである。

　すぐにピンとくるマネジャー、半信半疑のマネジャー、最後まで理解できないマネジャーという３タイプは、どこの企業でも見られるが、その比率は大きく異なる。業績がよく、強い組織で知られる企業は

4：5：1といったところだろう。超優良企業で知られるクライアントになると、7：3：0という比率で私たちが驚かされたこともある。反対に、経営者が困り果ててコンサルテーションを依頼してくるケースでは、1：3：6という比率になることもある。

　企業によってそこまで大きな差が出るのは、無理もないところがある。強い企業では、優れた上司のもとで優れた人材が育つという再生産が30年も40年も繰り返されているため、正しい仕事のやり方やマネジメントの仕方の価値観が形づくられているのである。

ある部長が示してくれた格闘

　格闘を考えるとき、優れた上司として私がよく思い出すのは、90年代にコンサルテーションで入った輸送機関連会社である。その会社の開発部門にYさんという部長がいた。50代後半で、古巣の開発に戻って2年、定年退職まであと数年という時期だった。

　Y部長の開発部門は、ある分野の高度な技術を持ち、コンペスタイルによる受注生産で、高額な製品を開発していた。しかも受注が決まれば、納品後のメンテナンスで15年先、20年先まで売上が継続するというビジネスモデルだった。競合会社は2、3社あり、長期的な売上を確保するためには、とにかくコンペに勝ち、開発を受注するのが至上命題だった。

　コンペがあれば、無理を承知で仕事をとりにいくため、50人ほどいた開発現場は、仕事量が200％を超える高負荷状態が続いていた。

　自分も開発者だったY部長は、このような高負荷ではいい仕事ができないことも、部下が育たないこともわかっていた。「最悪の状況だから、仕事を見える化して負荷を平準化したい」というのが導入の狙いで、部下を救うために自分が陣頭指揮をとって活動に取り組むと宣

言していた。

　開発を進めるうえで問題だったのは、技術課題が明確でないことだった。技術課題が明確でなければ、先々に直面する問題としての課題が設定できない。開発チームは忙しさで考える力が極端に低下し、段取りができていない状態だった。開発中にトラブルが頻発し、負荷はさらに高まった。
　技術課題が明確化できない理由を尋ねると、ふたりの課長は「忙しすぎて考える余裕がない」と答えた。高負荷状況の原因が見えないため、仕事の入れすぎ、やり直しや突発業務などによる負担増という悪循環に陥っていた。
　Ｙ部長は、毎週月曜日の午後に部門全員を集めて、考える時間にあてることに決めた。Ｙ部長も忙しいなか時間をやりくりし、毎回必ず参加した。技術課題を明確にするため、自分が中心となって技術論を中心にコミュニケーションを活発化させ、仕事の進め方を指導した。
　そこには、ふたりの課長に対するマネジメントの指導も含まれていた。どんなに忙しくても、部下と技術課題や段取りについて話し合う時間をつくるのが重要な仕事だと身をもって示した。課長の価値観とも闘っていたわけである。
　Ｙ部長には、仕事の負荷が高まるとマネジメントのレベルが落ち、技術水準もそれにともなって落ちることがよくわかっていた。自分が開発者の頃に経験して、それが危機的な状況であることを知っていた。Ｙ部長が格闘に踏み出すエネルギーは強い危機感だった。
　Ｙ部長は、段取りの場をつくっただけでなく、役員とかけ合って外注化の予算をとるなど、上司とも格闘していた。私もＹ部長と一緒に役員のところへ説明に行ったことがある。

「この負荷量は異常値だから、会社として早く手を打たなければいけません」と話したら、その役員は「ライバル企業との競争をあきらめろというのか」と憤慨していた。私は「経営の観点からみれば、そうするほうがいい場合もあります」と答えた。その役員は、現場の現実を知らなかっただけで、現場の状況について詳しく説明すると「そんなことになっていたのか」と驚き、すぐに対策を真剣にＹ部長と議論するようになった。

　Ｙ部長は、一方で営業部門とも闘った。
　営業担当者から開発者に、実験データや報告書の作成などさまざまな要求が出され、それが負荷を高める原因のひとつになっていた。なかには開発者が対応に困るような、いい加減な内容の要求もあった。Ｙ部長は営業部門に働きかけ、開発部門に仕事を依頼する場合はすべて自分を通す形に改めた。
　Ｙ部長はそのような格闘を３年間続け、開発職場をよい状態に革新して退職していった。当初の目的どおり、職場チーム全体で高い技術課題をクリアするようになり、開発担当者の負荷量も大幅に減少した。
　相当なエネルギーをかけた格闘だったが、Ｙ部長は強い信念で乗り切ることができたのだと思う。導入前にＹ部長が言った「この活動なら部下を救えるかもしれない」という期待に私たちも応えることができたわけである。

格闘の仕方を教えてくれる上司

　Ｙ部長のように優れた上司は、格闘の仕方を教えてくれる。
　たとえば、職場の状況が高負荷であるため、いい仕事ができないこ

とや部下が育たないことがわかったときには、チームの状況認識の仕方や、その状況から起こることへの「ものの見方」や「考え方」を示してくれる。

また、起こっている問題に対する打ち手の考え方や、それに対する陣頭指揮（リーダーシップ）の取り方、役員や他部署との交渉の仕方、チームとしての仕事のやり方、そしてその格闘に勝つために持っていなければいけないマネジャーとしての信念やスタンス——それらすべてを身をもって教えてくれる。

Y部長が格闘する姿そのものが学ぶべき対象であり、もちろん直接マネジメントの何たるかを、ふたりの課長に話をしたこともあったであろう。

別のコンサルティングケースでも、そのような部長の格闘を目の当たりにすることがある。インパクト・メソッドでは月に1度、現場チームが活動状況を発表する「マネジメント状況共有会」が開かれる。

ある企業の部長は、マネジメント状況共有会が終わったあとで、活動成果が上がらないマネジャーとその場に残り、マネジメントの問題点を共有して丁寧に指導していた。その熱心な姿からは、マネジャーが変わらなければ、組織の状態はよくならないという信念が感じられた。自分がこのまま放置したら、その課長もチームも成長しないという強い危機感がそうさせたに違いない。「マネジメントは格闘技」というコンセプトを体現するような部長の行動だった。

しかし、こうした優れた上司は、正直なところ数えるほどしかいない。めぐり会えた人は幸運である。もちろん、本人に吸収する力があっての話ではあるが、格闘の仕方を学ぶことができ、闘い方を身につ

けることができるためである。

格闘に踏み出させる強制力

闘い方を身につけ、活躍するマネジャーがいる一方、格闘に踏み出せないマネジャーは多い。それは闘い方を知らないからである。何と闘い、どう闘えばよいのかがわからないのである。マネジャー自身が経験したことがないため、イメージがつかないのだ。

闘う領域として3つの領域を挙げた。ひとつ目は、会社から与えられたミッションとの格闘、ふたつ目は自己変革に向けての自分との格闘、3つ目はメンバーはじめ周りの人との格闘である。これらの格闘は現実には複合的に起こってくる。

たとえば、プロジェクトの目標を達成するために日常の仕事の悪循環を解消しなければならないとき、マネジャー自身がどのような考え方で、どう行動し、メンバーにどのような仕事の仕方をしてもらうのかについて、具体的な作戦をもって闘わなければならないのである。マネジメントに長けた上司から指導を受けた経験があるマネジャーは、ピンときてすぐに行動に移ることができる。

しかし、そのような経験がないマネジャーは、いくらマネジメント関連の書籍を数多く読み、セミナーにも頻繁に参加して、豊富な知識をもっていても、耳学問では、現実の職場で実践していくことは難しい。まだセミナーなら現実的で実践的なノウハウを習得できる可能性はあるが、書籍を読むだけでマネジメントが身につくことはまずない。実際の格闘経験がないと、かえって読み間違えてしまうおそれもある。

インパクト・メソッドを導入した企業で、ベテランのマネジャーか

ら「初めてマネジメントの基本的な考え方を教わった」と言われることは意外に多い。どの企業でも課長昇進時の研修は実施するが、そこでマネジメントの本質やマネジャーの役割が語られることは少ない。リーダーシップ論などの仕事から離れた抽象論か、あるいは勤怠管理やパワハラ防止などの逆に細かいノウハウが中心である。マネジメントの基礎を学び、職場で実践して、その成果をチェックすることを繰り返すような研修はほとんどない。

　それでは、このようなマネジャーが格闘するようになるためにはどうしたらよいのか。
　マネジャーが格闘に挑むには、ある程度の強制力が必要になる。会社からの強制力とインパクト・メソッドのようなプログラムの強制力が働いて、ようやくマネジャーは格闘に踏み切ることができる。ビジネスとの格闘、自分自身との格闘、メンバーや周りの人との格闘を強制体験することによって格闘する術を身につけていくのである。

マネジャーの原体験を乗り越える

　インパクト・メソッドにより、どのように格闘するマネジャーに変貌していくのかは、このあとの事例で感じ取っていただきたいと思うが、インパクト・メソッドの何が強制体験となり、マネジメントに不向きと思われるマネジャーでさえも格闘に挑むようになるのか、つまり自人称行動になるのかをみていきたい。

　格闘を避けるマネジャーのタイプを挙げてみると、第一は、他人に関心がないタイプで、たとえば技術者なら、技術への関心は非常に高い一方で、部下たちの行動や負荷量はほとんど認識していない。関連

部署や協力会社の意向を読みとることもできない。

　彼らの多くはメンバー時代に高い成果を出し、優秀なエンジニアとして認められている。経営的にいえば、優秀なプレーヤーは早くマネジャーとなって、チーム成果で会社に貢献してもらいたい。しかし優秀な技術者ほど、部下を使ってチーム成果を出せないことがある。自分にできたことは、部下も簡単にできるという思い込みから、丁寧な指示出しや部下指導ができないのはその典型だろう。

　また、いわゆる我が強いタイプも、マネジメントには不向きといえる。自分勝手な課長像を頭に描き、たとえば「部下に意見を言わせないほど一方的に話し、無理にでも仕事をやらせるのがマネジャーの仕事」「部下が提出してきたものを見て判断し、修正指示を出すのがマネジャーの仕事」と本気で信じ込んでいる。これは本人が、誤ったマネジメント環境で働いた原体験によることが多い。

　そのような原体験があっても、柔軟性がある人は、高度なマネジメントに触れると、すぐに自分が誤ったマネジメント環境で育ったことに気づく。しかし我の強いタイプは、若い頃に刷り込まれたマネジメントスタイルが修正されることはなく、当時とはビジネス環境が違うことは考慮しない。

　当然、部下は納得して働けない。チーム業績は悪化し、なおさら部下の不満は募る。最終的に、そのマネジャーが部下によって追い出されることもある。

　こうした他人に興味や関心がなかったり、我が強く勝手なマネジメント像を持つマネジャー、そして普通のマネジャーでさえもまず認識しなければならないのは、自分のマネジメントの悪さが自部署の問題や部下の仕事にいかに悪影響を与えているかである。

インパクト・メソッドではスタート時の立ち上げ研修で「自責」で部下の書いた吐き出しカードの読み込みを行うことを紹介した。「自責」と簡単にいうが、人に興味や関心のない人や我の強い人はそう簡単に自責にはならない。また、一般的なマネジャーでさえもそうである。それは、パーソナリティもさることながら、長い間会社でやってきた仕事のやり方が染みつき、それが当たり前になっているため、自分自身の振る舞いの悪さ加減に気づかないのである。

たとえば「仕事は自己責任」「報告を受けるのが仕事（管理するのが仕事で状況共有なし）」「結果中心、プロセスへの参画なし」といった仕事のやり方・価値観に何の疑問も持たず、部下との信頼関係が築けなかったり、仕事のトラブル頻発や、対応が後手に回るなどのことが自分自身が要因のひとつになっていることに気がつかないのである。

インパクト・メソッドでは初期段階で、メンバーの吐き出しカードに書かれている内容が具体的にどのような仕事の場面のことで、それに対してマネジャーはどのような関与をしているのかを徹底的にマネジャーに働きかける。マネジャーのマネジメントの悪さと、その奥にある間違った価値観が、問題を起こしていることを理解してもらうことで「マネジャーである私がこうする」という自人称行動に結びつくようにするためである。

感性のよいマネジャーは、立ち上げ研修時の部下の吐き出しカードやマネジメントスタイル図、コミュニケーション状態図を見れば、自分の価値観が間違っていたことに気づく。しかし、気づかないマネジャーもいる。そのような場合には私たちがストレートに指摘することもある。

他責から自責に変わることは、マネジャーの見ている現実の世界観が変わることである。他責のときには起こっている問題に対して評論家的にしか対策を考えられないが、自責になると全体の状況を俯瞰してとらえ、そのなかでマネジメントの振る舞いが与えている影響について考えられるようになる。さらにそのような振る舞いをしている自分自身の価値観に気づくことになる。

　さらに、見える化を活用した段取りコミュニケーションでは、情報共有のようなコミュニケーションのレベルではなく、思考しているすべての内容を共有するコミュニケーションが行われる。そのため、マネジャーはメンバーからの指摘で自分自身の間違ったマネジメントの価値観に気づくこともある。
　段取りコミュニケーションでは、仕事の特性に合った計画システムとコミュニケーションイベントが、チームマネジメントの仕組みとして動き始める。従来の仕事のやり方が大きく変わり、マネジャーをはじめメンバーの役割、チームでの仕事のやり方、メンバーそれぞれの状況や困りごと、チームの課題と目標などが共有される。そのため、マネジャー自身が自分の役割を理解し、方針・方向性やメンバーに対しての指示、指導、育成が主体的に可能になり、マネジャーは3つの格闘に挑戦できるようになるのである。

　第1章で明星電気様、第2章でNECソリューションイノベータ様の事例を紹介するが、いずれも部長と課長のマネジャー、現場のリーダーとメンバーがそれぞれ格闘に踏み出し、悪戦苦闘の末に高い成果を上げている。まさしく「マネジメントは格闘技」を具体的に示す活動内容である。そこにはマネジメントの本質がよく表れている。

第1章

明星電気

～マネジメントの本質をつかむ
　マネジャーの闘い

【会社概要】
明星電気株式会社
［本　　社］　群馬県伊勢崎市
［設　　立］　1938年
［社員数］　351名（2015年3月末）
［売　　上］　74億5,000万円（2014年度）
［資本金］　29億9,600万円

❷マークのある太字のキーワードは、202ページ以降のインパクト・メソッド用語集に掲載されている。

明星電気 技術本部 基盤設計グループ
ソフトウェアチームにおける導入の流れ

2012年

① 代表取締役 — 石井社長

② 取締役兼技術本部長 — 柴田取締役

③ 基盤設計グループ長

④ 品質管理部長 — 小楠部長

⑤ 事業部

技術本部基盤設計グループ

【本書の取材対象】
ソフトウェアチーム

福原主査
金谷リーダー
松﨑メンバー

第1章 | 明星電気〜マネジメントの本質をつかむマネジャーの闘い

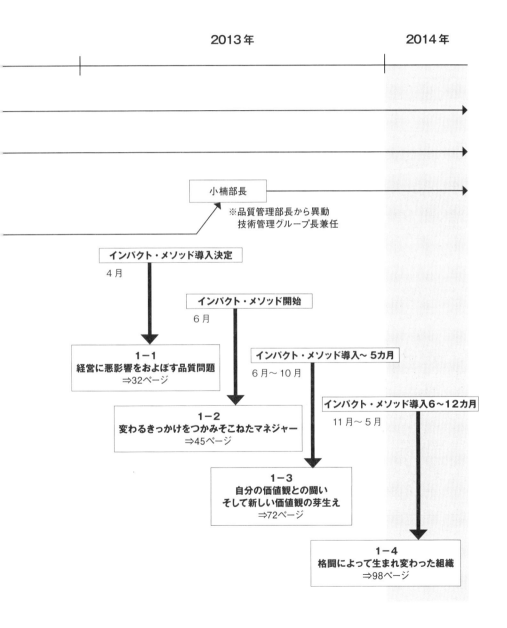

Case 1-1

経営に悪影響をおよぼす品質問題

世界市場を目指す
観測機器メーカー

　明星電気株式会社は、「ラジオゾンデ」と呼ばれる気象観測器を製造する国内唯一のメーカーである。温度計、湿度計、気圧計、無線送信器などで構成されるラジオゾンデは、ゴム製の気球に取り付けられて空に放たれ、高度3万メートルもの上空の気象情報を観測して無線通信で地上に送信する。ラジオゾンデによって収集した気象情報は、天気予報や航空機の運航管理などに用いられる。

　1938年にラジオゾンデメーカーとして創業した同社だが、その後、技術力を活かして事業の幅を拡大した。

　現在は、気象庁の地域気象観測システム「アメダス（Automated Meteorological Data Acquisition System）」をはじめとする気象観測装置、地震の震度を測る計測震度計、津波観測警報装置などを開発製造するほか、宇宙関連の観測機器も開発製造する。近年は、小惑星からサンプルを採取後、見事帰還を果たして日本中から注目された小惑星探査機「はやぶさ」に搭載された蛍光Ｘ線分析装置を開発したことでも知られる。

その他、50年代に日本電信電話公社（現在のＮＴＴ、日本電信電話株式会社）の交換機の指定メーカーになったのをきっかけに、交換機や電話機の開発製造に力を入れ、売上を拡大した時期もあった。

2012年、明星電気はＩＨＩグループの一員として新たなスタートを切った。ＩＨＩとの業務連携を契機にして、宇宙、気象、防災の各事業拡大ならびに新たな成長分野への展開を進めていくことが、現在の同社の目標である。また、グローバル展開にも積極的に取り組んでいる。14年には世界最小・最軽量のラジオゾンデを発売。気象観測のコスト削減につながるとして、世界中の関係機関から高い評価を受けている。

明星電気の主力商品のひとつラジオゾンデ（無線機付き気象観測器）。ゴム気球に付けて高度3万mで、気温、湿度、気圧などの気象データを随時観測する。

同社は現在、宇宙防衛事業部、気象・管制事業部、防災事業部という、製品分野別の３事業部を設置している。また、縦割りになっている事業部組織に横串を通す形で、技術本部、生産本部などの組織を設置している。

製品の開発を担うのは、このうちの技術本部である。同社は協力会社も含め、約450名の体制だが、開発にはその３分の１の従業員が携わっている。

経営状態に影を落とす
深刻な品質問題

宇宙、気象、防災関連の観測機器の開発・製造という特殊な事業を

図表1-1 明星電気の組織図

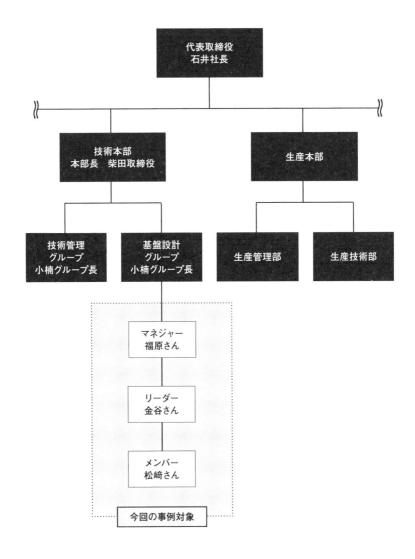

営む同社は、受託開発中心の多品種"極"少量生産で市場に挑む「ものづくり集団」として、長年にわたり市場で存在感を発揮してきた。

しかし2000年頃から品質をめぐるトラブルの件数が増え始め、同社の経営に暗い影を落とすようになった。トラブル件数の増加にともない、クレーム対応コストが右肩上がりに膨らんでいったのである。2000年代初頭には、売上80億円に対し、数億円がクレーム対応コストに消える状態になっていた。

これに対し、06年からコスト構造を見直す経営改革が実施された。その結果、10年までに収益は大幅に改善したが、品質問題そのものに対する有効な対策が打てなかったため、クレームが収まることはなかった。

品質保証本部品質管理部長の小楠哲也さん*は、品質を改善する方法がないか、いつも頭を悩ませていた。

クレームの内容を詳しく調べると、開発部門の品質に対する意識が極めて低いことがわかった。あるときなど、「納品期限になったから」といって、品質管理担当からみれば品質チェックが不十分と思われる製品を出荷しようとしたこともあった。

品質管理部は、当然、出荷を差し止めようとする。しかし開発部門の担当マネジャーは適切な検査を実施することなく、いろいろな理由をつけてその製品を再出荷しようとして、押し問答になったことがたびたびあった。

「開発がよいと言ったから出荷したんだ！　品質問題なんだから、あとはそっちで対応して！」

*15年5月時点の肩書は、気象防災事業本部気象・管制事業部営業部次長。インパクト・メソッド活動時は、基盤設計グループ長兼技術管理グループ長兼内部監査室主幹

自動車のシステムメーカーの開発を経験している小楠さんは、このマネジャーの対応に象徴される、品質よりも納期を優先する企業文化が根付いている状況に愕然とした。同時に、品質を担保するための新しいルールや仕組みをつくっても、納期優先が染みついた開発担当者を従わせようとしたところで、この問題が根本的に解決しないと感じていた。

　その背景にあるのは開発部門が聖域化され、開発プロジェクトの多くが担当マネジャーの経験値に頼るかたちで進められていたことだった。言ってみれば、どのプロジェクトも実質的に"現場まかせ"の状態にあった。だから品質管理部が担当マネジャーにクレームの原因を指摘し、改善方法を提案しても、素直に聞き入れてもらえなかったのである。

　考えられる要因は、他にもあった。昔からのお客様の多くは、先端的研究を実施する研究機関であり、求める機器の技術的難易度が高く長期にわたって開発案件を受注してきたケースが多い。そのため、まずは機能の実現が第一目標となり、その後、品質を両者で玉成していく方法が多く取られていた。その結果、「"機能さえ実現できれば"、"とりあえず持っていけば"お客様に受け取ってもらえ、品質はそのあとに玉成すればいい」という"甘い考え"につながった。

　ところが時代は変わり、よりスピードを求められるようになった。不具合が発生してタイムロスが起こると、最終的にはお客様の納期後の仕事にも影響してくる。それゆえお客様の製品に対する評価も厳しくなった。納期を優先するあまり発生する製品の不具合に対応するためのコストも看過できないほどに増えていた。それにもかかわらず明星電気の開発部門だけは、以前と同じ「品質はさておき、納期に間に

第1章 | 明星電気～マネジメントの本質をつかむマネジャーの闘い

問題意識を持っていた小楠さんは、かねてから、「納期優先」の企業風土を変え、品質問題を解決したいと考えていた。

合えばいい」のままだった。それが事態を悪化させたとも考えられた。

「これは個人の問題ではない。納期を優先するような文化を組織的に変えなければ、品質問題の解決は難しいだろう。しかし、組織はあってないような状態だ」

問題解決の難しさを実感しながらも、「必ず解決してみせる」という小楠さんの思いはしだいに膨らんでいった。

コミュニケーション不全の
組織の改善の糸口を探す取締役

小楠さんが品質問題に頭を悩ませていた頃、取締役兼執行役員技術本部長の柴田耕志さん*も、組織の問題を何とかしたいと考えていた。

「高品質の製品を効率よく生産できるようになるのはもちろんだが、だれもがイキイキと楽しそうに仕事をする会社であってほしい。しかし、実際には多くのマネジャー、メンバーが内にこもったまま仕事を

*15年5月時点の肩書は、取締役兼執行役員気象防災事業本部副本部長兼気象・管制事業部長。インパクト・メソッド導入前から導入中にかけては、取締役兼執行役員技術本部長

していて、気がついたら『すみません、担当プロジェクトが大火事になっています』と言ってくる。こうした『個人商店化❷』の問題に加え、お客様の要望に従うだけのなりゆきまかせの仕事のやり方や、メンバーがマネジャーの言うことを聞くだけになっているなど問題は多い。こうした長く続いてきた問題を解消するためには何をすればいいのだろうか」

さらに技術継承の問題もあると感じていた。

「技術者はコミュニケーションが得意ではないので、見よう見まねで技術を覚えていくことが多いが、それがうまくいっていない。スムーズな技術継承の実現には、いったいどうすればいいのだろうか」

柴田取締役は、かつて部下へ自分の持っている知識や技術をうまく伝承できなかったという思いを胸に抱えていた。部門間のみならず、個人間の横のつながりが乏しく、コミュニケーションが断絶しているような状態だからこそ、マネジャーからメンバーへと、自然に技術が継承されないのではないかと、いつも考えていた。

柴田取締役は、品質問題の要因は品質管理や開発者の仕事に取り組む姿勢、コミュニケーション、技術伝承などのさまざまな問題が複雑に絡んでいることを感じていたが、具体的にどのように解決すればよいのかわからなかった。

インパクト・メソッド導入の
きっかけになった社長のひと言

12年6月、IHIグループの宇宙・防衛機器メーカー、株式会社I

第1章 | 明星電気～マネジメントの本質をつかむマネジャーの闘い

「何かを変えなければ、変わらない」と考えていた柴田取締役は、インパクト・メソッドの導入を、それまでの現状からの決別のきっかけにしたいと考えていたという。

　ＨＩエアロスペースの社長を務めていた石井潔さんが明星電気の社長に就任し、社員との個別面談を実施することになった。小楠さんは、クレームがない製品をつくれないのはマネジャー、メンバー１人ひとりの問題ではなく、組織力の問題であると考え、この機会にプロジェクトマネジメントのコンサルティング導入予算を申請しようと考えていた。

　ところが、面談の場でコンサルティング導入を提案した小楠さんに対し、石井社長は意外なひと言を投げかけた。

「それもいいけれど、ただ話をするだけのコンサルティングより、もっと泥臭く組織の内部に入り込んでもらって一緒に汗をかいてもらいながら実践していくようなコンサルティングのほうがいいのではないか」

　開発部門の現状を考えれば、講義中心のコンサルティングを導入しても、成果が出ないことはこれまでの経験からわかっている。参加者全員が課題から目をそらすことなく、真摯に活動に取り組まなければ、

039

組織にしみ込んだ慣習を変えられないのではないか——そのような意味が、石井社長の言葉に込められていた。

「確かに、そうだ」

　十分に調査したうえでの提案だったが、少なくない不安を抱き続けてきた小楠さんは思わずうなずいた。

「組織内に入り込む踏み込んだやり方で成果を上げているインパクト・コンサルティングという会社がある。検討してみてはどうか」

　石井社長は、そういって1冊の書籍を小楠さんに手渡した。その書籍は、私たちが12年2月に出版した『"元気"な開発チームをつくるマネジメント　成功事例に学ぶ「インパクト・メソッド」Vol. 1』だった。
　この書籍に目を通すと、そこには、「自分たちのことではないか」と本気で疑ってしまうほど、よく似た問題を抱える開発チームの苦闘ぶりが描かれていた。特に興味を惹かれたのは、事例に描かれているマネジャーが、コンサルタントに助言や叱咤を受けながら、メンバーと一緒に問題を乗り越えていく姿だった。業務のなかにインパクト・メソッドの活動が組み込まれ、活動をこなしながら進行中のプロジェクトを成功に導くプロセスも自分が探していたものだった。

「これだったら、変わるかもしれない」

　小楠さんの期待は大きく膨らんだ。

第1章 ｜ 明星電気〜マネジメントの本質をつかむマネジャーの闘い

IHI（旧石川島播磨重工業）で課長を務めていたとき、インパクト・メソッドの原型となる「技術KI計画」を経験していた石井社長は、その効果を身をもって実感していた。石井社長のひと言はインパクト・メソッド導入の強力なあと押しになった。

　石井社長もまた、インパクト・メソッドの活動を通じて、明星電気の開発部門が変わってほしいと強く願っていた。

社長が課長時代に経験した
開発チーム革新

　94年、石井社長は石川島播磨重工業（現在のIHI）の開発部門で、課長として航空エンジンシステム開発チームを率いて奮闘していた。その頃に、インパクト・メソッドの原形である「技術KI計画」に取り組み、その活動を通じて、チームで組織的に仕事をすることの重要性を身に染みて知っていたのだった。

　当時、課内では常時複数のプロジェクトが進行していて、開発チームは、仕様が決まった案件の設計を次々と引き受けなければならなかった。そのうえ、納品後に判明した不具合にも並行して対処する必要もあったことから、いつも目が回るほど忙しかったという。

「深夜近くの退社は当たり前、午前様も頻繁でした。当時は、それほ

どコンピュータが普及していなかったので、図面を引くときのガタガタという音がいつも聞こえ、とにかくにぎやかでした」

技術KI計画が導入されたのは、「設計の生産性向上が必要だ」という部門長のひと言がきっかけだった。当初、設計合理化委員会を立ち上げ、部門の自主活動として生産性の向上に取り組んだが、思うような成果は得られなかったため、次の一手として技術KI計画の導入が決まったのである。

コンサルティングを担当したのは、私たちの社長である倉益幸弘だった。倉益は猛烈な忙しさを気力で乗り越えている石井課長（当時）を見て、「設計部門の生産性を向上させるためには、課長がマネジメントに時間を割ける体制にする必要がある。石井さんの膨大な実務をメンバーに割り振り、楽にさせることが、この活動の目的だ」と宣言したという。

その技術KI計画は1年間におよんだ。そこで「動いている案件に関するさまざまな情報はもちろんのこと、技術的な知識、どんな製品をつくるのかというイメージなどを共有することが重要だという価値観が自分のなかに生まれました」と石井社長は振り返る。

石井社長がIHIの課長当時、「技術KI計画」を行っていた頃に使っていたノート。「いつの時代も職場で起こる問題の本質は変わりません」と石井社長は当時を振り返る。

「技術KI計画に取り組む以前は、私とメンバーとで、あるいはメンバ

ーどうしで、大事なことが共有されていませんでした。たとえばプロジェクト担当者から仕事を引き受けるとき、これから設計しようとしている製品にどのような価値があるのか、そのイメージが共有されていませんでした。それがわからないと、お客様が喜ぶポイントがわからず能動的になれません。また、ゴールに到達するまでに、どんな課題があるかや、その解決手段だけでなく、スケジュール感すらも共有されていませんでした。これらの情報や考え方を共有すれば、メンバーそれぞれの知恵を集めて解決できるのに、それをしないことが、仕事に悪影響をおよぼしていたと気づいたのです。技術ＫＩ計画以降は、チーム内の情報共有が仕事をスムーズに進めるうえで重要と考えるようになりました」

また、技術ＫＩ計画によって技術継承問題は解決する、という認識も生まれたという。石井社長は、技術に関する課題の解決策に対する考え方と手順を分解する、インパクト・メソッドの見える化手法のひとつ「**技術バラシ❼**」という言葉を使いながら、次のように説明する。

「私が経験した活動では、課題を見つけてそれを解決しようとするとき、若い担当メンバーだけでなく、ベテランメンバーも一緒になって技術バラシに取り組みました。担当メンバーだけだと、『何が悪いのかがわからない』という状況に陥りがちですが、ベテランメンバーも一緒になって技術バラシをすることで、何が課題で、どんなことに手をつけるべきかを知ることができます。ベテランと若手が同じ目線で議論して仕事に取り組むことによって仕事がスムーズに進むようになり、技術継承の問題も解決する。そこに技術ＫＩ計画のよさがあったと考えています」

インパクト・メソッド導入を前にして、石井社長と柴田取締役、小楠さんの3人が思い描いていた革新イメージは、ほとんど同じものだったといえる。

「教育プログラムよりも、実践を通じて仕事のやり方を変えるほうがいい。マネジャーに、この活動を通じて正しいマネジメントを体験的に学んでもらう。目指すのは、全員がイキイキと仕事をしている会社にすることだ」

　こうして、13年4月に、明星電気にインパクト・メソッドが導入されることが決定した。

Case 1-2

変わるきっかけを
つかみそこねたマネジャー

**ソフトウェアチームが
抱える問題**

「まずは、わが社の中核といえる技術本部に導入しよう」

　石井社長のひと言で、インパクト・メソッドの導入先は、柴田取締役が統括する技術本部の基盤設計グループ、宇宙利用グループ、気象グループ、ロケット・防衛グループ＊に決定した。なかでも、基盤設計グループにかけられた期待は大きかった。

　導入対象になった基盤設計グループ以外は、製品ごとにセグメントされた事業グループである。たとえば気象グループなら気象庁などのお客様と話し合いながら気象観測機器を開発する。一方、基盤設計グループは事業グループとは性格が異なり、外部に顧客を持たない。社内の各事業グループから発注された製品を動かすためのソフトウェア開発などを請け負う特異な立ち位置である。だからこそ事業分野ごとに発展してきた技術の共通化や技術力強化の推進役になることが期待されていた。
　そのため、インパクト・メソッドの導入で、品質問題の解消だけにとどまらず、明星電気の強みとなる高い技術力を生み出す組織になる

＊14年4月に事業部制に改組。宇宙防衛事業部、気象・管制事業部、防災事業部という製品分野別の3事業部になった。

ための大きな革新が求められていた。

　基盤設計グループは、ソフトウェア、回路、構造という技術別の3チーム構成だったが、インパクト・メソッドの導入先には「特に難しい問題を抱えていた」と柴田取締役が指摘するソフトウェアチームが選ばれた。

「ソフトウェアチームは各事業グループから開発案件を受注します。このとき、依頼元である事業グループは何度もお客様と打ち合わせをしますから、当然、どんな要望が出されているかを詳しく知っています。しかし、ソフトウェアチームのマネジャーやメンバーは、事業グループと綿密な話し合いができず、お客様の要望をよく知らないまま開発に取りかかっていました。つまり、事業グループから『このような機能のソフトをつくってくれ』と仕様書を渡され、それにしたがってソフトをつくっているだけなのです。
　しかも、せっかくソフトをつくっても急な仕様変更は頻繁にあります。なぜ仕様が変更されたのかもわからずに変更だけを指示され、その作業をやらされているような状況になっていました。『また変更か』という不満を募らせるだけで、ソフトウェアチームから『どうして』『なぜ』と仕様が変更された理由を聞くこともありませんでした。そのような環境で仕事を続けてきたからでしょう、極めて受け身で被害者意識の強い組織になっていたのです」

　もうひとつ、マネジャーとメンバー間のコミュニケーションの問題もあった。

「具体的なものづくりの場合、開発チームには、これからつくろうとしているものについて、『こんな形にしよう』といったように共通の認識があるものです。しかし、ソフトウェアは目に見えにくいと思われているため、それに携わる人たち全員が共通のイメージを持つのは容易ではありません。その影響でマネジャーとメンバー間、あるいはメンバーどうしのやりとりは抽象的になりやすく、『どうせ言ってもわからない』と、コミュニケーションが希薄になりがちでした。このようなことが、組織力低下の要因になっているとも考えられました」

そして、インパクト・メソッドの導入によってソフトウェアチームが目指す成果は、次のように設定された。

・納期遵守率100％
・クレームへの対応状況を示す、サービス表、不具合是正表のクローズ率（クレーム処理が終わったことを示す）の向上
・ソフトウェア開発規模を示すステップ数の倍増

組織の問題を解決し、組織力を向上して高品質な製品を効率よく開発できれば、手戻り作業は減り、チームとしてこなせるステップ数、すなわち作業量は増加する。手戻り作業が減る状況では、不具合の発生件数も減り、クレーム処理に費やす時間コストを低減できると考えられる。クレーム処理がなくなると、新規案件に集中できるので納期遵守率も上がる——というように、組織力向上によって明確な業務成果を得ることが期待されたのである。

隣の人ともメールでやりとりする
コミュニケーション文化への危機感

　ソフトウェアチームは、20名、3チームからなる組織である。このうち、パソコン用ソフトウェアやサーバー上で動作するソフトウェアの開発を担当している金谷チームと矢崎チームがインパクト・メソッドの活動に参加した。金谷チームは、基盤設計グループソフトウェアチーム主任の金谷祐司さんとメンバー5名、矢崎チームは同じく主任の矢崎則史さんとメンバー2名からなる。

　両チームをまとめるマネジャーは、基盤設計グループソフトウェアチーム主査の福原秀樹さんである。大学で情報工学を学び、ソフトウェアの知識が豊富だったことから、自分の長所を活かしたいと考えて大手電機メーカーグループの情報通信会社に入社し、ハードウェアの設計や評価、ソフトウェアの評価、携帯電話の仕様決めといった仕事に携わってきた。その後、07年9月に活躍の場を求めて明星電気に再就職した。

　仕事の基本的な進め方は、情報通信会社時代の上司に学んだという。ずば抜けた技術や知識を持っているわけではないが、人をまとめる力や問題・課題を話し合って調整する力に秀でた上司で、気難しい技術者たちを上手にまとめていた。その上司の姿を見て、福原さんは、「すごい。こういう人になりたい」と憧れを抱くとともに、「仕事で大事なのは人を動かすこと。それがマネジメント」であると考えるようになったそうだ。

　入社当初は、新たな職場の社内風土に戸惑うこともあった。特に、

図表1-2 基盤設計グループ・ソフトウェアチームの組織図（2014年当時）

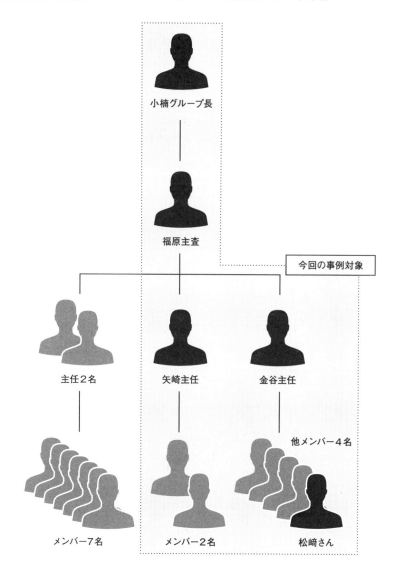

隣や後ろの人との仕事に関する確認や相談をメールで行うなど、メールに頼る仕事のやり方には驚き、危機感を感じた。このままではよくないと感じた福原さんは、自分ができる範囲で、仕事で関係ができた人に積極的に話しかけるなどの努力をしていた。

**あいまいなままスタートする
プロジェクトによるトラブルの連鎖**

　08年に主任になった頃には、明星電気が品質問題を抱えていることが福原さんにも見えてきた。当時の上司は、毎日のようにクレーム処理に追われていた。

「どうして、これほどまでに面倒な事態が起こるのだろうか——」

　注意深く観察してみると、さまざまな理由が浮かび上がってきた。
　なかでもお客様の要望を正しく理解していないのに、あいまいなまま開発を進めるという、深刻な要因が放置されていることが品質問題が収まらない要因と感じていた。

　ソフトウェアチームは事業グループから依頼された仕事を引き受けるケースがほとんどで、お客様との打ち合わせなど、要望を直接ヒアリングする機会はほとんどない。事業グループとも十分なコミュニケーションがとれていないため、疑問点や不明点の確認もままならない。これは仕事をスタートする段階で進行手順などが示されない「**あいまいなスタート[9]**」の典型的なパターンである。
　不適切な状況を放置すれば、製品の品質水準は当然、低下する。そしてトラブルの件数が増えて、クレーム処理に追われる。すると、た

福原さんは、自分なりにマネジメントについて考えてきたが、インパクト・メソッドと出合ったことで、真の格闘が始まった。

だでさえ不十分な事業グループと話し合う時間の捻出が難しくなり、一層コミュニケーションは希薄になる。こうして問題・課題の解決の道は閉ざされていった。

「トラブルの連鎖を止められないのか」

そう考えた福原さんは事業グループの担当者にお願いして、お客様との打ち合わせに同行させてもらうことにした。お客様から直接、要望をヒアリングしたり、自分からも技術的な提案をするなど、仕様決めに積極的に関わろうと考えたのである。

その結果、仕様決めにしっかり取り組めばプロジェクトがスムーズに進行するとわかり、福原さんは手ごたえを感じた。しかし同じような手法をとらなかった仕事は、以前と同じようにトラブルが発生した。当時の福原さんの立場で取りうる行動を取ってはいたが、チーム内のすべての仕事に自分が関わることはできず、限界があった。

組織力を上げたいという
マネジャーの思いと行動

　09年になると、ソフトウェアチームには小規模プロジェクトの依頼が増え、それにともなってメンバーひとりにひとつずつプロジェクトが割り振られるようになった。チームで取り組むプロジェクトは減り、メンバーどうしが連携する機会は、ますます少なくなった。

「このままでは品質問題は収まらない。メンバーそれぞれは技術や知識を持っているのに、困ったことがあっても相談し合うようなことはほとんどない。問題が起こったときに知恵を出し合えば、ひとりで考えるよりいい結果になるはずだ。もっとチームで仕事をしなければならないのではないか」

　福原さんは、そのような考えを持つようになっていた。
　10年に主査に昇格したのを機に、福原さんは自分なりの考えでマネジメントに取り組むようになった。たとえば、仕事の進め方がミーティングの話題に上がると、「マネジャーとメンバーは、チームであるべき。個人ではなく、皆で協力して仕事ができないだろうか」と、思い描いているビジョンをメンバーに伝えた。

　また、ソフトウェアチームが週1回開催していた発表会を使って、チームワーク向上を目指す活動にも取り組んだ。先輩マネジャーの発案で始まった発表会は、プレゼンテーション能力向上やコミュニケーションの苦手意識克服だけでなく、メンバーの発表を聞いて問題提起や提案することを通じて問題解決力の向上を目指したものだった。

福原さんが引き継ぐと、技術に関する発表を通じて、技術情報の共有を推進しようと提案した。メンバー全員の技術を同等レベルに高めれば、皆が同じ目線で議論をできる。そうすれば、自然にチームワークがつくられていくのではないかと考えたのである。

　メンバーに対し、「発表のスキル向上もあるけれど、技術共有の場でもある。だから何も発言しないで、人の話を聞いているだけではダメだ。必ず、ひとりひと言発言して」と話した。

　思いどおりの成果は得られなかったそうだが、福原さんは早くからチームで仕事をすることの重要性は認識していた。

チームはきっと変わる！
新しい革新活動の始まり

　13年に入り、福原さんは外部企業が実施している課長職対象の研修に参加するようになった。研修はマネジメント力の向上がテーマで、リーダーの仕事について考える講義や、問題解決力向上、チームメンバーのモチベーション向上などをテーマとする実習に取り組んだ。マネジメントの考え方や手法の本格的な教育を初めて受けた福原さんは、「吸収することが多い。どれも実践すべきことなのだろう」と感じたという。そして、「ここで学んだことを活かして、皆を引っ張っていくのが自分の役割」と考えていたそうだ。

　同じ時期、基盤設計グループ、宇宙利用グループ、気象グループ、ロケット・防衛グループのマネジャーにインパクト・メソッド導入が知らされ、書籍『"元気"な開発チームをつくるマネジメント　成功事例に学ぶ「インパクト・メソッド」Vol. 1』が配布された。

　同書に目を通した福原さんは、インパクト・メソッドが以前から自

分が持っていた「仕事で大事なのは人を動かすこと。それがマネジメント」という考えを現実にする手法だと感じた。

「事例集のように、チーム一体となって仕事に取り組めば、業務成果が上がる。そうすれば、ソフトウェアチームが抱えている品質問題は収まるだろう」

　福原さんは、自分たちの仕事のやり方を変えるための試みが始まろうとしていることを喜んだ。
　インパクト・メソッドの目的である「業務成果と、個人と組織の成長」にたどり着くのが容易でないことは、書籍の事例からはっきり伝わってきた。しかし福原さんは、次のように楽観的に考えていた。

「担当者がそれぞれ仕事を抱え込んで孤立する『個人商店化』や『**コミュニケーション不全❼**』、必要なことを確認しないまま新規案件に取りかかる『あいまいなスタート』が『**職場の３大慣習❼**』だと書かれているが、それらはまさに今、職場で起こっていることだ。それらを変えて正しい仕事のやり方に導くのは、本来なら難しいことだろう。
　しかしソフトウェアチームでは、これまでも組織力を向上するための活動に取り組んできた。研修で得た知識もある。自分たちなら、チームで成果を出せる状態まで多くの時間はかからないだろう」

2013年6月、
ＩＭＭ活動が始まる

　明星電気が取り組むインパクト・メソッドの活動は、ＩＭＭ（インパクト・メソッド・フォー・明星電気）と名づけられ、キックオフ（活

動のスタート）は13年6月に決まった。

　本来、活動の最初のイベントは、導入対象となった部門の経営幹部やマネジャーにインパクト・メソッドの概要や活動目的を正しく理解してもらうための「**マネジャー研修❼**」である。

　その前に私たちは、インパクト・メソッド導入事前説明会を技術本部のマネジャー全員を対象に開催した。わざわざ、その機会を設けたのはもちろん意味がある。明星電気では、私たちが考える正しいマネジメント意識がないマネジャーが多く、マネジメントを一（いち）から学ぶ必要があると私たちは考えた。そのためには、何よりもはじめにこれからスタートする活動の概要をしっかりと理解してもらう必要があると判断したのである。

　導入対象チームのマネジャーだけでなく、技術本部のマネジャー全員を対象としたのは、対象外のチームのマネジャー、メンバーにも活動を理解してもらうことで、スムーズに推進できる社内環境を整える狙いもあった。また、今後、他チームにも活動が拡大することを想定して、どんなことが実施されるかを知ってもらう目的もあった。

　事前説明会から1カ月後、いよいよIMM活動がキックオフし、技術本部長である柴田取締役をはじめ、副本部長、各グループのグループ長と、導入対象チームのマネジャーが参加するマネジャー研修を実施した。

　これまでの仕事のやり方を変えるには、マネジャーとメンバーが現状を変えたいという思いをはっきり持たなければならない。特に組織を牽引するマネジャーが問題を正しく認識し、そのうえで革新に向かう強い思いを持つことは不可欠だ。

　このような考えから、インパクト・メソッドの活動は、マネジャー

が研修を通じて活動の必要性を正しく認識し、さらに自分たちの職場の問題をマネジャーどうしで共有することから始まる。

なおIMM活動のケースでは、通常は1日のみ実施するマネジャー研修を2日にわたり実施した。事前説明会を実施した理由と同じで、インパクト・メソッドについて、マネジャーに十分な理解を促し、これから始まる活動の方針をしっかり立ててもらう必要があると考えての判断である。

問題点を整理していくと
3つの問題点が浮き彫りに

マネジャー研修の1日目は、マネジャーに自チームの問題点を整理してもらった。

まず、四六判（788mm×1091mm）サイズ大の模造紙に業務フローを描き、だれのどのような判断で業務が進行しているかも書き入れてもらった。さらに問題の発生箇所を指摘して、問題の性格をイメージするためのイラストも描いてもらった。このとき、小楠さんと福原さんが描いたのが図表1-3である。ソフトウェアチームが抱える品質問題の要因と考えられる3つのマネジメント問題がユニークなイラストで表現されている。

ひとつ目は「土管のマネジメント」である。

ソフトウェアチームが事業グループからの依頼を受けて仕事をする立場にあるのは、これまで説明してきたとおりだ。

問題はソフトウェアチームのメンバーが依頼を受けるまでの経路が大きくふたつあったことだ。ひとつはマネジャーである福原さんが事業グループの担当者から依頼を受け、仕様をメンバーに伝えるという

第1章 | 明星電気〜マネジメントの本質をつかむマネジャーの闘い

図表1-3 ソフトウェアチームが抱える3つのマネジメント問題

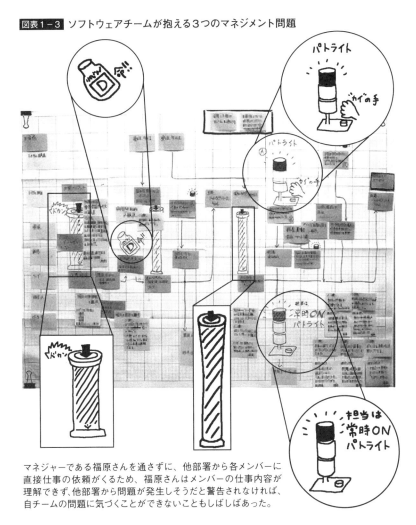

マネジャーである福原さんを通さずに、他部署から各メンバーに直接仕事の依頼がくるため、福原さんはメンバーの仕事内容が理解できず、他部署から問題が発生しそうだと警告されなければ、自チームの問題に気づくことができないこともしばしばあった。

経路。マネジメント問題として取り上げられたのはもうひとつの経路だった。事業グループの担当者がソフトウェアチームのメンバーに直接、仕様書を渡して仕事を依頼することが黙認されていたのである。

このようにマネジャーを介さないで事業グループから直接メンバーに仕事が落ちてくる状況を、モノが土管を通って落ちてくる様子にたとえていた。このような状況ではマネジャーである福原さんは仕事の内容もスケジュールもわからない。それでも仕事は進行するので、ひとたびトラブルに見舞われると、福原さんは仕事内容の確認から始めなければならず、混乱を深める要因になっていた。

　ふたつ目は「光らないパトライトと"カイの手"」である。
　これは、福原さんに進捗状況について尋ねられたソフトウェアチームのメンバーが、いつどのようなときでも「大丈夫、やれます」と答えることを問題視したイラストである。プロジェクトに問題・課題があっても「大丈夫、やれます」としか返事をしないため、マネジャーはトラブルの火種が小さいうちに状況を把握できない。その状況を、注意を促すパトライトが一向に回らない様子にたとえていた。
　また、ソフトウェアチームはチーム内のトラブルを察知できず、「甲斐さん」をはじめとする事業グループの担当者から「このままではトラブルになるのでは」と突然、警告を受ける事態が頻繁に起きていた。このような状況を甲斐さんの手によってパトライトが押されているという意味で「カイの手」が描かれた。
　のちに私たちは、こうした状況を招く背景に、福原さんがメンバーに対して「依頼された仕事はすべて引き受けろ」「スケジュールがきつくても、がんばって何とかしろ」という強固な姿勢で臨んでいた実態があったことを突き止めた。メンバーは、たとえ「無理です」と反論しても、「マネジャーは仕事量やスケジュールの調整をしてくれない」という意識が強いため、必要な情報でさえ抱え込んでしまっていたのである。

3つ目は「"D"命」である。

DとはQCD（Quality＝品質、Cost＝コスト、Delivery＝納期）のDeliveryのこと。ソフトウェアチームでは以前よりも品質、コストを意識するようにはなっていたが、福原さんが依然としてメンバーに納期厳守を強く迫っていたことが「"D"命」という言葉で表されていた。

品質チェックが不十分なまま納品するような常識外れのトラブルが発生したのも、こうした納期厳守主義の影響であると考えられる。さらに言えば、納期厳守主義は、「がんばれ」「自分たちで何とかしろ」というマネジメントスタイルが生み出した悪い慣習ともいえた。

できあがった図を見た福原さんは、次のように感じたという。

「これまで感じてきたことが、わかりやすく絵に示された。おぼろげに感じていたことだが、確かに、これら3つには問題があった」

こうしてソフトウェアチームのマネジメントの問題が明確になり、これらの問題・課題の解決という目標が立てられた。マネジャー研修2日目には、参加しているマネジャーどうしで、どう対処していくかを議論した。その結果、ソフトウェアチームが積極的に仕様決めに関わり、あとから問題・課題が出ないようにマネジメントを強化していく方針が決まった。

立ち上げ研修で宣言！
「宝の山」であることを実証する

次に、導入対象チームに所属する全員が参加する「**立ち上げ研修❼**」

を、300名収容可能な明星電気の社員食堂で2日にわたり実施した。立ち上げ研修は、「今、自分たちのチームがどのような状況に直面しているか」という現状認識を合わせ、「問題を解決して業務成果を実現するために、チーム革新に挑む」という目的意識を全員で共有するための研修である。

　立ち上げ研修は柴田取締役の挨拶で始まった。

「今年は私たちが成長する年です。明星電気にはよいところがたくさんありますが、他の会社と比べると、できていないこともたくさんあります。そのひとつは仕事のやり方です。チームで仕事をする意識が弱いのです。その他にも改善できるところはたくさんあると思います。先日、私はＩＨＩの上層部の方々に、『私たちは宝の山です』と言いました。『宝の山』は、インパクト・コンサルティングの倉益社長におっしゃっていただいた言葉です。この言葉どおり、私たちが宝の山であることを実証するためにも、ＩＭＭ活動を通して本当に機能する組織となり、実務に活かしてほしいと思います」

　立ち上げ研修の挨拶に込めたメッセージについて、柴田取締役は後日、次のように説明している。

「ＩＭＭ活動に取り組む前の明星電気は、皆が勝手バラバラに仕事をする結果、ＱＣＤがどれも不十分で問題が山積みになっていました。ただ、見方を変えれば、ＩＭＭ活動によって問題点をひとつでもふたつでも潰せれば、それだけ状況はよくなる余地があるとも言えます。つまり、上昇するだけの状態なのだから、そのつもりで皆にがんばってもらいたいと伝えるために、あのように話しました」

立ち上げ研修では経営層のこの活動にかける思いを語ってもらっている。経営者も含めた会社全体としての取り組みということを意識してもらい、本気になってもらうためである。

**職場の問題を
明らかにする立ち上げ研修**

立ち上げ研修１日目は、午前中に講義、午後に全員参加の実習を実施する。実習では職場の不満を付箋紙に書き出して模造紙に貼り出していく「**吐き出し❓**」を実施する。同時に、吐き出しで具体化した不満を素材に、自チームの状態をふたつの図に描き表す。ここで描くのは、「**マネジメントスタイル図❓**」と「**コミュニケーション状態図❓**」である。マネジメントスタイル図は、メンバーから見たチームのマネジメントの現状や問題点を表現した図であり、コミュニケーション状態図は、メンバーから見た職場のコミュニケーション事情や慣習を表現した図である。これらは、吐き出しをもとにメンバーが共有したイメージを１枚の絵に描き、マネジメントやコミュニケーションの問題点を浮かび上がらせることを狙っている。

２日目は、マネジャーは初日にメンバーが作成した吐き出しの模造紙と、職場のマネジメントスタイル図とコミュニケーション状態図を目の前に置いて、メンバーから突きつけられたチームの現実に正面から向かい合い、時間をかけて受け入れていくという実習を実施する。メンバーは、仕事の現実と未来を見ることを目的に、「仕事の見える化」と「マネジメントへの問題・課題提起」のスタートを切ることになる。

立ち上げ研修の位置づけ、狙いは多面的だが、マネジャーの自人称（主体性）に働きかけ、マネジャーがマネジャーとして機能するきっかけ、つまり格闘の始まりとなる研修である。

**メンバーから見た
ソフトウェアチームの問題点**

ソフトウェアチームは、立ち上げ研修の実習をマネジャーチーム1班とメンバーチーム3班に分かれて行った。金谷チームメンバーの松崎達也さんは、当時のチーム状態について、メンバーの関係が希薄であると感じていた。

「メンバーそれぞれが担当案件を持って仕事をしていたので、同じ職場なのに技術的なつながりがなく、メンバーの助け合いもほとんどない状態でした。その結果、難易度の高いプロジェクトを任されたメンバーは連日、夜遅くまで残業をしなければならず、そうではないメンバーはいつも定時で退社していました」

吐き出しでも、こうした問題意識をもとに、「仕事ができる人に仕事が集中している」「時間がなさすぎる」「マネジャーに事業グループとのやりとりをコントロールしてほしい」などの不平不満を付箋紙に書いて模造紙に貼り出していった（図表1-4）。

吐き出しが終わると、メンバーはチームの状態を図に描き表した。
金谷さんと矢崎さんの班は、「へんてこ回転寿司」と題したマネジメントスタイル図（図表1-5）を描いた。

第1章 | 明星電気〜マネジメントの本質をつかむマネジャーの闘い

インパクト・メソッドの導入により、これまで一方的だったコミュニケーションが双方向になったことで、金谷さんは仕事がやりやすくなったという。

インパクト・メソッド導入当初に「すぐに仕事に役立つ」と直感した松﨑さんは、積極的にIMM活動に取り組み、のちにその効果を実感することになる。

　この図で、「食え、食え」と言って寿司（仕事）をベルトコンベアに流し続けているのはマネジャーである福原さんだ。その命令に従い、満腹になっても寿司を食べ続けているのはソフトウェアチームのメンバーである。仕様があいまいな仕事は「未調理」の食材、専門外の仕事は「異物」というように描き表されている。本来なら仕事を制御して、メンバーに対して適切に割り振る役目であるマネジャーが、仕事を押しつけるだけのマネジメントに終始していることがわかる。また、

図表1-4 「吐き出し」で明らかになった不満

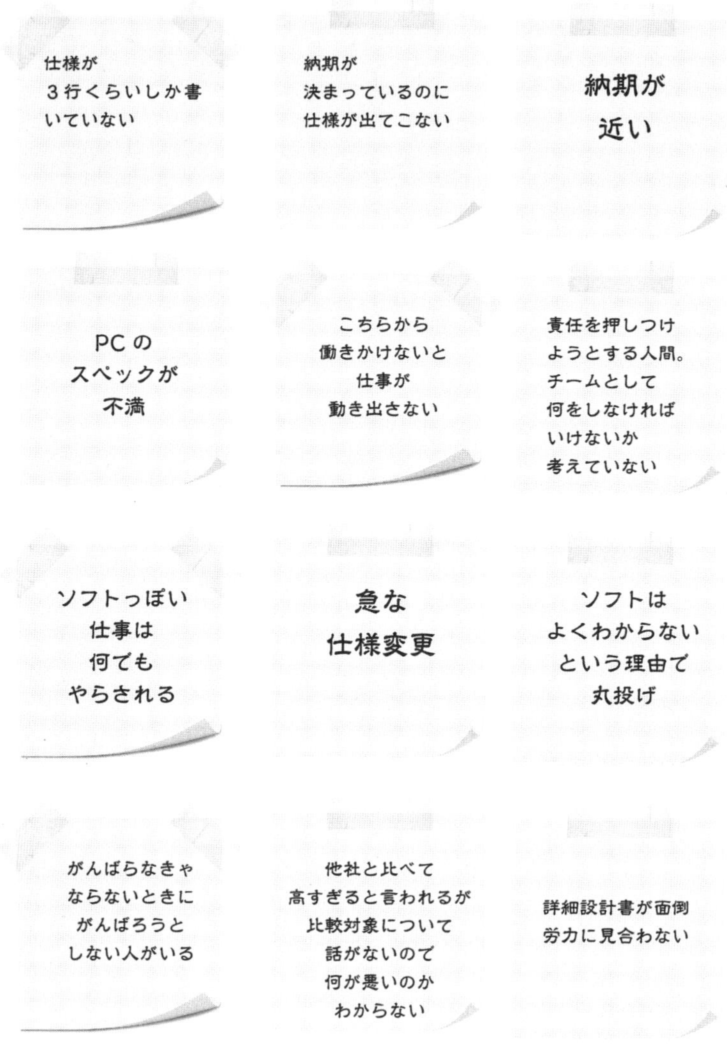

- 仕様が3行くらいしか書いていない
- 納期が決まっているのに仕様が出てこない
- 納期が近い
- PCのスペックが不満
- こちらから働きかけないと仕事が動き出さない
- 責任を押しつけようとする人間。チームとして何をしなければいけないか考えていない
- ソフトっぽい仕事は何でもやらされる
- 急な仕様変更
- ソフトはよくわからないという理由で丸投げ
- がんばらなきゃならないときにがんばろうとしない人がいる
- 他社と比べて高すぎると言われるが比較対象について話がないので何が悪いのかわからない
- 詳細設計書が面倒 労力に見合わない

「吐き出し」によって、明らかになった数々の不満の一部。メンバーは日頃の不満を、まさしく「吐き出す」ことが求められ、これによって問題点が浮かび上がる。付箋紙に書かれたことをもとに「マネジメントスタイル図」と「コミュニケーション状態図」が作成される。

図表1-5 マネジメントスタイル図「へんてこ回転寿司」

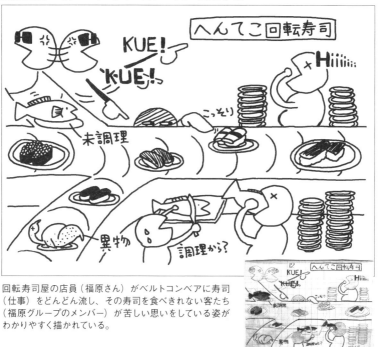

回転寿司屋の店員（福原さん）がベルトコンベアに寿司（仕事）をどんどん流し、その寿司を食べきれない客たち（福原グループのメンバー）が苦しい思いをしている姿がわかりやすく描かれている。

ソフトウェアチームに仕事を発注したい事業グループの担当者が、福原さんの目を盗んで、割り込み仕事をメンバーに「こっそり」やらせようとしている様子も描かれている。

松﨑さんの班は、「メイセイのメイソウ」と題したマネジメントスタイル図（図表1-6）を描いた。イエス・ノーを答えながらゴール（製品の完成）に向かう、いわゆる「イエス・ノー・チャート」だが、「既存製品と同じ仕様で」「やっぱりこんな感じで仕様変更して」というあいまいな要望が繰り返された結果、製品を完成させても「思っ

図表1-6　マネジメントスタイル図「メイセイのメイソウ」

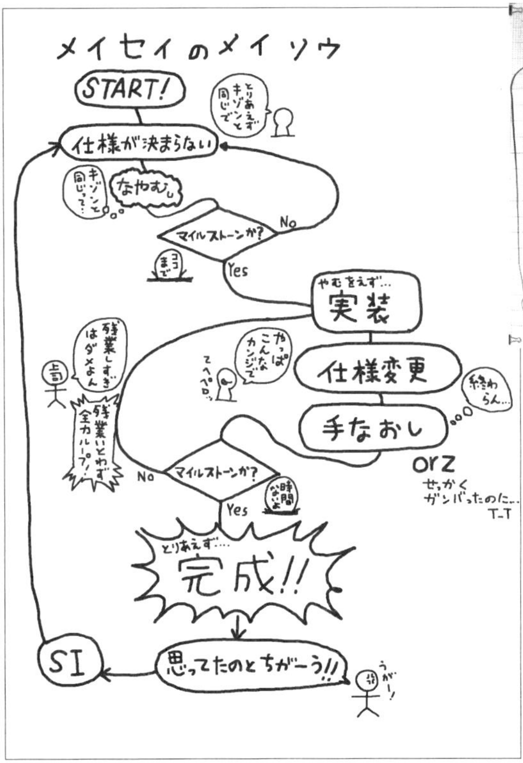

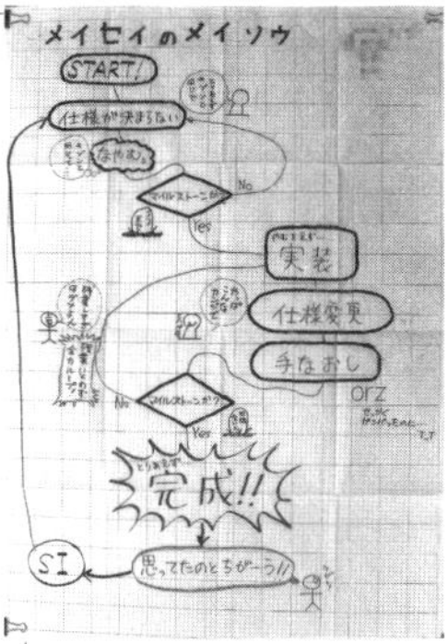

ソフトウェア・エンジニアらしくフローチャートを使って職場のマネジメント状況を表現したマネジメントスタイル図。ソフトウェアが紆余曲折の末、完成したと思ったら、発注者から「思っていたのと違う」と言われて、一から作業をやり直すことが常態化している様子を描いている。

ていたのと違う」と一蹴され、やり直しをしなければならなくなる苦しい状況が描かれている。

　この図は、石井社長が20年前に技術ＫＩ計画に取り組んだとき、当時の開発チームのメンバーが描いた図とそっくりだった。松﨑さんが描いた図を目にした石井社長は、「明星電気の開発部門の現状は、20年前の私のチームと本当に同じだな」と思ったそうだ。

図表1-7 マネジメントスタイル図「無計画なフリスビー投てき現場」

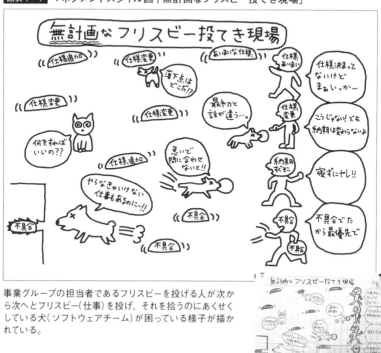

事業グループの担当者であるフリスビーを投げる人が次から次へとフリスビー(仕事)を投げ、それを拾うのにあくせくしている犬(ソフトウェアチーム)が困っている様子が描かれている。

　吐き出しから、この図を作成する実習へとプログラムが進行すると、参加者の多くが本音を出すことに慣れてくるので、金谷さんと矢崎さんの班、松﨑さんの班が作成した図のように、職場の現実が実に多彩な表現で描かれることになる。

　こうした吐き出しを行うことで、本音の会話ができれば、お互いの考え方を知ることができる。それは意思疎通を可能にし、チームワークを生む素地となる点で大きな意味を持つ。

高い評価を受けた図は、立ち上げ研修終了時に表彰を受ける。このときは、金谷さん、矢﨑さん、松﨑さんとは別のソフトウェアチームの班が作成した「無計画なフリスビー投てき現場」と題するマネジメントスタイル図（図表1-7）が高い評価を受けた。フリスビーを投げているのは、仕事の依頼元である事業グループの担当者で、投げられたフリスビーを追いかけて走っている犬はソフトウェアチームのメンバーである。「仕様は決まっていないけど、まあいっか」「不具合が出たから最優先で」など、気ままな事業グループの担当者の指示によって、メンバーが右往左往している様子がよく描かれている。ときには計画性のなさを棚に上げて、「寝ずにやれ」と命令されることもあるなど、悲壮感も描き表されている。また、メンバーは皆、個人で動いていて、横のつながりがないこともうかがえる。

立ち上げ研修は
格闘技の入り口

　マネジメント革新に挑戦するマネジャーにとって、初期段階で大切なことは職場の現実を直視し、問題・課題と解決の方向性をメンバーと認識を合わせ、共有することである。
　ただ、ひと口に問題と言っても現実に起こっていることは「へんてこ回転寿司」や「メイセイのメイソウ」、「無計画なフリスビー投てき現場」に表わされているような悪循環サイクルであり、問題が起こる構造を全体的な視座で俯瞰してみないと、どこに施策を打てばよいのかがわからない。個別に問題に手を打ったとしてもモグラたたきのように別の問題が顔を出し、解決につながらないのである。

立ち上げ研修の吐き出しカードは、こうした構造問題の一部が不平不満となって表れており、マネジメントスタイル図やコミュニケーション状態図もその一部を表したものである。したがって、吐き出しカードに書かれた内容から何を言っているのか、マネジメントの仕方、仕事のやり方がマネジャーとメンバー間において、あるいはメンバーと他部署間の仕事の授受において、どんなやり方になっているのか、マネジャーの振る舞いが部下にどんな影響をおよぼしているかなどを理解し、だからこのような不満になっているのだと読み解いていかなければならない。そして読み解くプロセスにおいて、マネジャーは部下との関わり方や人や仕事に対する自身の価値観に気づき始めるのである。

　つまり問題の原因になっている自分自身の行動と、そのもとになる価値観に対して格闘していかないと解決しないことに気づき始めるのである。

変わるきっかけを逃がしてしまった
吐き出しの読み込み

　福原さんは、クレーム処理のために立ち上げ研修の1日目を欠席し、2日目からの参加となった。

　マネジャーとメンバーに分かれて実施した実習で、メンバーの吐き出し内容を初めて確認した福原さんだったが、その大半が自分に向けられたものではなく、事業グループに対する指摘が中心だったことで、ショックは受けなかった。

　そのため、メンバーとの関わり方や、自分のマネジメントスタイル、価値観にまで突き刺さることがなかった。これがのちのちまで影響をおよぼすことになる。

「仕事の忙しさについて指摘している吐き出しもあるが、仕様をきちんと決めることができれば、開発中の手戻りがなくなり、結果的に仕事量は減るはずだ。要するに、忙しいのは仕事のやり方が悪いからだ」

　ただし自分も含め、マネジャーがあまりメンバーに関与していないのは問題だと感じた。問題・課題の整理を終え、マネジャーは仕様決めをしっかり実施していくという方針が決まった。小楠さんも福原さんも、「メンバーがそれぞれに不満を抱えていることは理解したが、その1つひとつに対処するのは難しい。それよりも事業グループからソフトウェアチームに仕事が渡される、その入り口部分の問題解決を優先すべきだ」と判断したのである。小楠さんと福原さんの結論は、「落ち着いた環境で仕事ができれば、細かな問題はすべて解決する」だった。
　マネジャーとメンバーが研修で学んだことや気づいたことを発表して立ち上げ研修は終了した。最後に石井社長から参加者に向けて、次のようなメッセージが送られた。

「仕事のなかで感じる喜びや辛さを全員で共有したり、他のメンバーが考えていることを共有できると、チームで仕事をすることが楽しくなります。チームで仕事をする意識を持っていると、仲間の仕事がうまくいけば『よかった』と感じますし、うまくいかないときはお互いに知恵を出し合おうと思うようになります。仕事はひとりではできるものではありません。これからはチームで仕事をする意識を持ってください」

石井社長のメッセージには、自分が20年前に経験した革新をここにいる全員に知ってもらい、自分の力で業務成果を得られるようになってほしいという願いが込められていた。

　立ち上げ研修から数日後、研修の締めくくりとなる「**見える化研修❼**」を実施した。インパクト・メソッドでは、プロジェクトのスケジュールをはじめ、問題・課題とその解決策、目指す成果など、業務に関わるデータをチーム全体で共有して、皆で知恵を出し合う「**合知合力❼**」での仕事を目指すことになる。こうした仕事のやり方を実現するために必要な計画システムや製品のアウトプットイメージといった見える化の手法のノウハウを学ぶのが、見える化研修である。
　スケジュールやアウトプットイメージを模造紙に書き、台紙に貼り付けて作成したボードを手にしたメンバーは、「これは使えそうだ」「ミーティング内容をいつでも手軽に確認できるのはいいかもしれない」と口々に言い、好感触を得ていた。
　見える化研修ですべての研修が終了し、翌日から、いよいよ日常業務のなかで行われるIMM活動がスタートした。

　この初期段階で、福原さんは、立ち上げ研修時のメンバーの吐き出しカードをもっと深く読み込み、耳を傾け、部下の立場になって考えてみる必要があった。そして上司、部下の関係のなかで起こっている問題がどのようなことなのかを考えてみる必要があった。このことがのちに日常業務のマネジメントに影響をおよぼしていくことになる。
　福原さんにとって石井社長のメッセージの本当の意味を知る闘いが始まるのはこれからだった。

Case 1-3

自分の価値観との闘い
そして新しい価値観の芽生え

**仕事に役立つという手ごたえが
活動をあと押しする**

　ソフトウェアチームがはじめに着手したのは、「**段取りコミュニケーション❷**」の定例化である。

　段取りコミュニケーションとは、仕事の段取りを決めたり、技術課題について、チーム全員で議論するミーティングのことである。一般的なミーティングでは、マネジャーやリーダーが進行役となり、その指示で議論が進むが、段取りコミュニケーションは参加者全員が思い思いに発言するワイガヤ方式で進められる。自由な雰囲気で議論を交わし、これから取り組む仕事の段取りをチーム全員で決めるのである。

　ソフトウェアチームは、以前から実施していた毎朝の「朝会」に加え、1週間に1回、3時間の段取りコミュニケーションを開催することにした。段取りコミュニケーションでは、難易度の高いプロジェクトの技術バラシや課題バラシに全員で取り組み、技術課題とその対処法を明確にしたほか、長期・中期のスケジュール表である「**大日程❷**」「**中日程❷**」を作成して仕事の分担や段取りを固めた。

　インパクト・メソッドの活動では、月に1回、導入対象チームが集まり、1カ月の活動結果や今後の目標を共有しあう「**マネジメント状**

況共有会❷」を実施する。

　ＩＭＭ活動スタート後、初めて開催されたマネジメント状況共有会では、「これまで１（マネジャー）対多数（メンバー）のかたちで進められていたミーティングが、段取りコミュニケーションのかたちを取ることで議論が活発化したように思う」「スケジュールを整理すると、すっきりと仕事を進められるのがいい」といった意見が発表され、多くのメンバーがＩＭＭ活動に手ごたえを感じながら活動に臨んでいることが明らかになった。

　金谷チームの松崎さんは、「ＩＭＭ活動は仕事に役立つ」と実感し、次のことに気づいたという。

「ソフト開発者には、仕事の全体像がわからなくても、目の前の作業に没頭できれば細かなことは気にしない、と考える人が多いように思います。私もそうでしたが、インパクト・メソッドの手法を使ってみて、ひとつの開発案件にどのような仕事があるのか、だれがどの仕事をやっているかなど、全体像を知ったうえで仕事をすればスムーズに進行できることがわかりました」

　メンバーが"ご利益"をはっきり感じることは、活動推進の起爆剤になる。この段階で私たちは、ソフトウェアチームは確実に成長するだろうと考えていた。

順調な滑り出しと
三層図を使用したマネジメントの提案

　一方、福原さんは、メンバー間や外部との調整が必要な問題・課題の解決にあたることでメンバーをサポートしていた。たとえば、期日

が迫るなか、人手を確保できず困っているメンバーがいると、すぐに外部の業者を手配した。夏休みが思うように取れないという声を聞くと、チーム内での作業分担を指示して、皆が平等に休みを取れるように調整した。このように素早い決断で問題・課題を解決する福原さんの行動は、メンバーに安心感を与えた。

それまで、朝会はプロジェクトごとに実施されていた。また、メンバー個人の前日の進捗に対し、マネジャーやリーダーが「○○しなさい。○○を考えなさい。残業をしてがんばりなさい」と当日以降の仕事を指示する個人への事情聴取型だった。プロジェクトといっても多くて2～3名で、メンバーが知り得ない専門外の技術的課題が出てきた場合は、他メンバーの助言を受けることができず、結局、悶々としたままの状態で朝会が終わることが多かったという。
「このまま続けていても、チームにメリットはない」という福原さんのひと言で、朝会の内容も見直した。プロジェクトごとに開催していた朝会を金谷チームと矢崎チームの合同開催に変更して、ソフトウェアチーム全体で情報を共有できるようにした。

この新しくスタートした合同朝会で活躍したのが、「朝会ボード」である。金谷チームと矢崎チームのプロジェクト進行状況や、両チームが抱えている直近の課題を見える化したツールで、両チームのメンバーが研修で学んだ見える化を参考にして作成した。朝会ボードを用いた朝会が定着すると、メンバーからは「メンバー間で案件を共有できるようになった」「チーム全体の作業量が気になるようになった」「チームでコミュニケーションをとりながら、助け合うことが必要だと考えるようになった」といった声が聞こえてきた。

福原さんを先頭にして、ソフトウェアチームは「**チームワーク革新❷**」のきっかけをつかみつつあるように見えた。

そこで私たちは、「**三層図❸**」（図表1-8）を使用してマネジメントに取り組むように福原さんに提案した。三層図とは、プロジェクトの成功とチームと人の成長を同時実現するために、どのような仕事のやり方をしなければいけないかという考え方を体系的に見えるようにまとめた図である。仕事の目標と、その目標を達成するために革新する仕事のやり方、その目標を達成するために必要なチームと人の成長という3つの要素を上中下の三層に区分けして描くことから、三層図と呼ぶ。

三層図を描くのは容易でない。まず、目指すアウトプットを正確にイメージできなければならず、また、自チームの仕事のやり方の全体像を把握している必要もある。さらに人と組織の成長を導くビジョンを持つ必要がある。それだけのことができるのは、高い能力とセンスを持ったマネジャーに限られる。しかし、「見える化」を進め、メンバー間の問題・課題を共有し始めるなど、私たちから見ても成長著しいソフトウェアチームを率いる福原さんなら、期待を超えるマネジメント力を発揮してくれるだろうと考えていた。

**チームの日常マネジメント岩盤が
確立されているという誤解**

しかし福原さんは、自分がマネジャーとしてどのように振る舞うべきなのか、よくわからないままIMM活動に臨んでいた。

メンバーの困りごとに素早く手を打つなど、十分にマネジャーとし

図表1-8 三層図の基本例

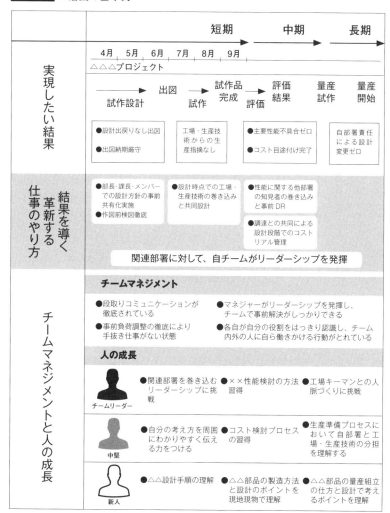

「実現したい結果」では、プロジェクトの日程表をベースに各工程とアウトプットに対して実現したい好結果を明確にする。例にある「設計出戻りなし出図」「出図納期厳守」のように具体的な目標を決める。「結果を導く革新する仕事のやり方」は、上記の結果を実現するために仕事のやり方をどう変えていくかである。「チームマネジメントと人の成長」では、新しい仕事のやり方に挑戦するうえで、チームマネジメントがどのような状態にあり、個人がどんな挑戦目標で成長していくかを表す。メンバーへの「成長予告」と実際に成長を重ね合わせていく。

ての役割を果たしているように見えた福原さんだったが、それはマネジメントを意識しての行動ではなかったというのである。福原さんはのちに次のように語っている。

「手を打ったといっても、日々のちょっとしたことで困っているメンバーに対し、気がついたことをアドバイスしただけです。メンバーからは、それが適切なマネジメントに見えたのかもしれません。でも、深く考えて発言したわけではありませんし、ふだんからメンバーの面倒をみなければいけないとは、そのとき考えていませんでした」

　福原さんは、日常業務のマネジメントはメンバーが行うものであり、マネジャーは目標の設定や方針、大課題への打ち手を打つことが役割と考えていたのだった。

　当時の福原さんは、自分からメンバーの状態を把握しようとはせず、ポイントとなる問題・課題に手を打つのみであった。これは、福原さん自身が担当者だったときの経験から、マネジャーはメンバーから上がってきたことに対応するものと考えていたことと、日常業務のマネジメントは自分もやってきたのでメンバーもできると考えていたことによるものだった。

　マネジメント状況共有会では自身の取り組みについて詳しく発表していた福原さんだったが、それも研修で学んだ「見える化」の手法をそのまま実践しているのに過ぎなかった。現に、問題・課題を共有し始めたのはメンバーだけで、福原さんが担当者になっている案件の問題・課題をメンバーと共有することはなかった。

　この頃、福原さんはメンバーが積極的にＩＭＭ活動に取り組んでいる姿を見て、「ソフトウェアチームは『**日常マネジメント岩盤❼**』が

できている」と思い込んでいたという。

　インパクト・メソッドでは、チームの成長に3つのフェーズがあると考えている。第1フェーズでは「日常マネジメント岩盤」の確立を目指し、続く第2フェーズではプロジェクトマネジメント革新を目指す。そして第3フェーズで経営戦略・経営計画と日常を融合することで、ビジネス成果を狙えるチームを目指すのである。
　私たちの言う「日常マネジメント岩盤」とは、マネジャーとメンバー間で信頼関係が醸成され、チーム状態が強固になった状態のことだ。具体的には、マネジャーとメンバーの間で認識が共有され、何を変えるべきかがわかり、日常業務を遂行するなかで目標の設定、アウトプットイメージの共有、問題・課題の明確化とそこに対する施策が検討されて、マネジャー、メンバーが同じ意識で行動できることである。しかし、この時点でメンバー間には信頼関係が築かれつつあったが、マネジャーとメンバー間には信頼関係が築かれているとはいえない状態だった。

　ソフトウェアチームは、日常マネジメント岩盤の確立を目指してIMM活動に取り組んでいたが、福原さんは、「メンバーは皆、日常業務をスムーズに回していこうと積極的に活動しているし、実際にご利益を感じているようだ。ということは、日常マネジメント岩盤はできているのだろう」「今の自分が取り組まなければならないことは、それほどないはず。チームに仕事が入ってきたとき、目標や、やるべきことをメンバーに正しく伝えることができればそれでいいだろう。自分が積極的にチームに関与しなければならなくなるのは、プロジェクトマネジメント革新を目指すこれからだ」というように誤った見方を

図表1-9 インパクト・メソッドの3つの成長フェーズ

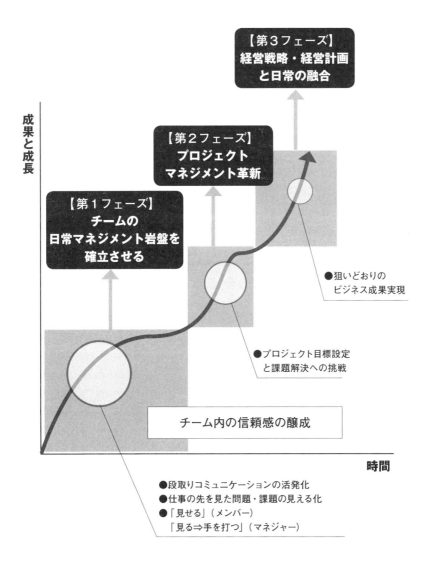

したまま活動に臨んでいた。

　福原さんは、メンバーがＩＭＭ活動に取り組む姿を遠巻きに見ながら、メンバーの仕事に積極的に関与することはなかった。依頼された仕事をメンバーに引き渡して、「受けた仕事は全部やれ」「皆がんばれ」と号令をかける福原さんのマネジメントスタイルは以前のままだった。

　本来は立ち上げ研修時のメンバーのアウトプットから福原さんが変えるべきことを理解し、そこに対してリーダーシップを発揮しなければならない。メンバーの吐き出しに対する理解が表面的、一面的で福原さんとメンバーの関係論に踏み込んだ本質が押さえられていなかったことで、メンバーとの関わり方を変えられなかったのである。そして、さらにやっかいなことに、ソフトウェアの業務特性や従来の慣れきった仕事のやり方が本人の気づかないところでマネジメントの価値観をつくり、マネジメントスタイルが変えられなかったのである。

漂い始めた停滞感
革新を遅らせるマネジャー

　ＩＭＭ活動がスタートして５カ月が過ぎた13年11月頃、ソフトウェアチームには目に見えない変化が起こっていた。メンバーが、マンネリ感を抱き始め、活動にご利益を感じなくなっていたのである。

　朝会や段取りコミュニケーションを開催して、課題バラシや技術バラシに取り組むのは、チームで情報を共有し、協力し合って仕事を進めていくためである。しかし、ソフトウェアチームのメンバーは、ＩＭＭ活動を続けていくうちに手法を使うことが目的になり、「チームでの仕事を成果に結びつけるためにはどうすればいいのか」を考えな

くなってしまったのだ。

　インパクト・メソッドの手法を仕事に取り入れることは、言ってみればインパクト・メソッドの「型」を覚えるということである。しかし、それだけでチームに革新が起こるわけではない。「型」を覚えるだけでなく、マネジャーとメンバー全員が、仕事のやり方の価値観を正しいものに変化させる必要がある。「正しい仕事のやり方の価値観」とは、言ってみればインパクト・メソッドの「心」の部分である。つまり、チームを革新に導くためには、インパクト・メソッドの「型」と「心」の両方を身につける必要がある。そして、「型」と「心」を身につけるためには、従来の行動と考え方・価値観を勇気を持って変える必要がある。そのために「格闘」が必要になってくる。

　長い時間をかけて築いてきた価値観を180度変えるのは簡単ではないので、そこでつまずくチームは多い。もちろん、つまずいても、古い価値観にこだわり続けていることに問題があると気づいて価値観を変えようと努力すれば問題はない。ただし、マネジャーが誤った価値観に気づかなかったり、価値観を変えることに消極的だと、方向修正が大幅に遅れたり、場合によっては修正できなくなる可能性もある。メンバーがいくらがんばっても、結局は自分たちの範囲でしか活動を展開できないため、チームに新しい価値観を定着させることはできないからだ。

　振り返ってみてほしいのだが、ソフトウェアチームの場合、マネジャー研修時に「土管のマネジメント」「光らないパトライト」「D命」という3つの問題を福原さん自身が整理をした。立ち上げ研修では、メンバーの吐き出しと「へんてこ回転寿司」に代表されるマネジメン

トスタイル図が描かれた。入ってきた仕事はすべて引き受け、担当者に丸投げ、さらに担当者にダイレクトに仕事が入ってくる状態はメンバーの心に「問題・課題を挙げても自分の首を絞めるだけ」という意識を生み、本音を言わないことが常態化していった。

　一方、福原さんは、それらを問題としながらも長い間の慣れ切った仕事のやり方と自分自身の経験から「日々の問題は自分たちで処置するもの」「仕事は断れないから皆がんばれ」という意識や価値観になっていった。それがやがて、「日常業務はメンバーが自己責任で遂行するものであり、マネジャーは方針、方向性を指し示す人」というマネジメントの価値観を形づくってしまったのである。

日常業務に追われるマネジャー
IMM活動をおろそかにする

　この頃、福原さんは新しく担当することになった宇宙開発事業関連の開発プロジェクトのプレーヤーとしての業務が忙しくなり、それまで以上にチームへの関わりを減らすようになっていた。重要な情報共有の場であり、コミュニケーションの貴重な機会でもある段取りコミュニケーションを欠席することも増えていった。

「あれ、福原さんいないね」
「また今回もいないんだ」
「何やっているのかね」

　そんな会話から始まる段取りコミュニケーションが活気を帯びることはなかった。福原さんの行動がチームによくない影響をおよぼしているのは明らかだった。金谷さんはこう振り返る。

「チームをまとめるために旗を振ってくれていた人が顔を出さなくなったことで、皆、拍子抜けした感覚だったと思います。何かに取り組んでみても、はっきりとした結論が出ずに終わることが増えました」

　福原さんは、メンバーが段取りコミュニケーションに出てほしいと思っていることを感じてはいたが、「そもそもメンバーとマネジャーとで考え方を合わせて、すべてを一緒に進める必要はないだろう。したがって、メンバーが途中でどのような活動をしていたとしても、行きつく先が間違っていなければそれでいい」と考えていた。その根底にあったのは、やはり「日常業務はメンバーが自己責任で遂行するものであり、マネジャーは方針、方向性を指し示す人」というマネジメント観である。福原さんは次のように振り返る。

「マネジャーとして三層図をつくって、チームの方針、方向性を示そうとは考えていました。しかし、自分の担当するプレーヤー業務の忙しさと日常はメンバーが構築するものという誤解から、三層図への挑戦を先延ばしにしていました。また、問題を抱えているメンバーがいても、『なぜ、こんなことができないのか』『正しい方法で仕事を進めれば、問題が起こるはずはない』と思っていました。部下の困りごとを解決しようとは、まったく考えていなかったのです」

　結局、福原さんはマネジャーとしての行動をひとつも起こせないまま、次のマネジメント状況共有会を迎えようとしていた。しかし、そのような状況でも、発表しないわけにはいかない。

そこで福原さんは、忙しさを理由に欠席しがちだった段取りコミュニケーションに顔を出し、メンバーがつくっている発表用のボードをのぞき込んで、「なるほどね」と言いながら自分のボードを作成した。結局、メンバーの発表をもとに自分の発表内容をつくり上げ、活動が順調に進んでいるという体裁を整えようと考えたのである。

**大きな転換点になった
他責モードに対する指摘**

　活動から半年経った12月、1月と、福原さんはマネジメント状況共有会で、活動の実態がともなわない発表を続けた。マネジメント状況共有会ではIMM活動に参加している全チームが、それぞれ直前のひと月の活動を振り返って「やったこと・わかったこと・次にやること」を発表する。12月、1月のマネジメント状況共有会で福原さんが発表した「次にやること」は、「アウトプットイメージを明確化していく必要がある」というものだった。

　それを聞き、私たちは「具体的じゃない」「まるで選挙演説だ」と指摘した。「選挙演説」というのは、よいことを話すが実際には動かないという意味で、自分自身と格闘していないことを表している。しかし福原さんは、その指摘を大事なこととして受け止めていないようだった。本音では、「そう言われても、大切なプロジェクトで忙しいのだから、どうしようもない。どうすればいいかわからないから、今のままで仕方ない」と思っていたのである。

　その後も福原さんのIMM活動に対する取り組み姿勢に変化はなく、2月のマネジメント状況共有会では、再び同じ内容の発表を繰り返し

た。そのうえ、マネジメント状況共有会の開催直前に発生したトラブルを持ちだして、「仕事の依頼元である事業グループには、もっとしっかりとプロジェクトマネジメントに取り組んでほしい」という他部署への批判を繰り広げた。
「あの発表には、実は狙いがありました」と、後日、福原さんは語っている。

「私は、繰り返し起こっている開発プロジェクトの炎上の原因のひとつに、仕事の依頼元である事業グループ側の問題があると考えていました。そこで、社長や取締役も出席するマネジメント状況共有会で自分たちが大変な状態にあることを訴えて、根本的な問題が他にあることを知ってもらおうと考えました。そうすれば、効果的な対策を講じてもらえるのではないかと期待したのです」

　私たちは、福原さんが「自分自身や自チームには落ち度がない。問題が起こる原因は事業グループにある」というように、他責で物事を捉えていることを察知した。福原さんのように、一方的に相手方に非があると考えてしまえば、問題解決は相手が変わるまで待つという他力本願になってしまう。私たちがマネジャーに求めるのは「どうすれば問題解決ができるのか」と自責で考え、周囲に働きかけながら問題解決を自発的に行うことである。その点で、マネジャーの役割を見失ってしまったと感じ、次のように指摘した。

「福原さん、この３カ月間のあなたの発表にはキレがありません。具体的な行動がともなわない、無意味な発表だということです。今の他部署についての発言が他責になっていることには気づいていますか。

マネジャーである福原さんが、どのように行動したら今回のトラブルを防ぐことができたのか、もう一度よく考えてみてください。福原さん、あなたは本当に"斬れる日本刀"（マネジメントをして、問題・課題を解決する能力）を持っていますか」

　指摘を受けた福原さんは、無言でその場に立ち尽くした。時間にすれば、わずか数秒ほどだっただろう。小楠さんは、そのときの福原さんの様子をはっきり覚えているという。

「これは何かあったな。彼の心に何か刺さったのだろう」

　私たちの言葉は、確かに福原さんの心に響いていた。他責モードで他部署のミスを問題にしようとしていた福原さんにとって、自責で行動しなければならないという指摘はカウンターパンチのように強烈な一撃になったのである。

「本当だ。コンサルタントの指摘どおり、自分は他責でしか行動できていない」
「あんな指摘を受けるようなことをしているとは、まったく思っていなかった。何がおかしかったのだろう」

　特にショックだったのは、「福原さん、今のあなたの発言は他責だ」と名指しで指摘を受けたことだった。12月、1月のマネジメント状況共有会でも同じ指摘は受けていたが、そのときは自分事だとは感じられなかったのである。福原さん自身も「今振り返ると、12月、1月にも同じことを指摘されていたのに、なぜ気づかなかったのかわ

かりません」と言う。

　私たちは「マネジメントは現行犯逮捕が必要」と言っているが、誤った考え方・価値観で行動をしたその瞬間に指摘しないと人は気づきにくい。そのため、上司やコンサルタントは誤った考え方・価値観や行動に対しては、その場で指摘しないといけないのである。福原さんが「他責」の自分に気づいたことは大きな転換点となった。

古い価値観との格闘が始まる

　マネジメント状況共有会の前半で各チームの１カ月の活動の共有が終わると、後半はチーム全員で今後の活動について話し合う「ワーク」が実施される。この日のワークで私たちは福原さんに対し、自分のマネジメントの問題がどうして起きたのか真の原因を突き止め、問題を解決するために何をしたらいいか、具体的な行動を考えるようにアドバイスした。福原さんは、すぐに考え始めたが、その場では答えらしい答えにはたどり着けなかった。

　マネジャーとは何か。マネジメントとは何か ──。

　福原さんは、それまで考えることのなかったこのテーマに、正面から向かい合うことを求められたのである。このときから福原さんの本当の格闘は始まった。

「マネジャーがとらなければいけない自責行動とは、どのようなものなのだろう」

「これまで、自分は何を学んできたのか」
「マネジャーは、会社からメンバーを預かる立場だが、自分ひとりでできることは、たかが知れている。いったいどうすればいいのか」

　福原さんは通勤の車のなかで、出社後は社内で、自問自答を繰り返した。どこかにヒントがあるのではないかと、これまでIMM活動で学んできたことをすべて思い出してみた。

「やはり会社の売上に貢献することがマネジャーの役目であるはず。また、三層図に描かれるように、プロジェクトの成功を目指しながら、仕事のやり方を革新し、人と組織の成長も狙うというのが正しい方向性なのだろう」というように、原点からすべてを見つめ直そうと努力したが、納得できる答えには、どうしてもたどり着かなかった。

「ひと筋の光も見えない」

　焦りの感情を飛び越えて、そんな無力感を感じることもあった。

**1カ月間の苦悩で生まれた
自分を変えるためのヒント**

　悩み始めてから1カ月が経過し、チームごとにマネジメントの進め方について議論する「相談会❷」が目前に迫っていた。この1カ月間、さまざまなことを考えては、「それは違う」とリセットしてきたが、答えは出なかった。

「いつまでも考えていてはダメだ。相談会のあとに各チームのマネジ

ャーだけで行うアフターミーティングの場では、自分なりの結論を発表しないといけない。そうなると、そろそろ結論を出さないとマズいな」

　そんなことを考えながら、通勤の車のなかでいつものようにマネジメントについて思考をめぐらせていた福原さんだったが、その日は不思議と焦る気持ちはなかった。

「どのみち、自分にはたいしたことはできないからなあ」

　ふと、そんな考えが沸き起こった。

「いくら考えても納得できる答えにたどり着かないのは、このような事態になるまでマネジメントのことを何も考えていなかった自分の怠慢が原因だ。では、一所懸命考えてマネジメントに取り組めば、会社のために貢献できるのだろうか。自分ひとりで何もできないことはわかっている。できないのであれば、自分は何をして貢献すればいいのか」

　肩の力を抜いたからだろうか。それまでとは違う考え方が、次々と福原さんの頭に浮かび上がってきた。そして、次のような結論が見えてきた。

「会社のために何かをしようと考えても、何もできないのはわかっている。それなら、もっと小さな括（くく）りで考えたらいいのではないだろうか。自分の近くにいるメンバーのために仕事をすればいいのではない

だろうか」

**悩み、考え抜き
古い価値観との格闘に勝つ**

　その考えをきっかけに、これまで何度も繰り返してきた自分への問いかけに対する答えが、ふき出すように出てきた。

「マネジャーがとらなければいけない行動は何か。それは、メンバーの話に耳を傾けて、チームにどのような問題が起こっているか、何が課題になっているかを知り、それらの問題・課題を解決するための適切な処置を講じることだ。そのためには報告を受けるだけでなく、自分から話を聞き、情報収集したほうがいいだろう。問題・課題が解決すれば、メンバーはすっきり仕事ができる。それが、マネジャーが行動する目的になるのではないか」
「メンバーがすっきり仕事をできれば、成果（QCD目標達成）につながるはず。したがってメンバー全員が成果を上げれば、会社の売上、利益にも大きく貢献できるだろう。その結果、たとえば賞与が増えれば、彼ら自身も成果を実感できるのではないか」
「マネジャーは会社からメンバーを預かる立場だが、ひとりでは何もできない。ひとりで何十億円も売上を上げられるわけがない。しかしメンバーに仕事の目標を持たせて、すっきり仕事をさせることができれば成果が出て、会社とメンバーはどちらもメリットを得られることになる」

　福原さんは、それまで自分に問いかけていた多数の疑問の答えが、このときひとつにつながったと感じた。そして、次の結論が頭に浮か

んだ。

「そうか、メンバーの日常をすっきり回すことが、マネジャーの最重要マネジメントなのだ」

　こうした考えの変化にともない、福原さんのそれまでの「日常マネジメント岩盤はメンバーが構築するもの」という考えも変化した。
　日常マネジメント岩盤は、マネジャーとメンバーが、チームとして一体となって仕事に取り組み、革新を目指すための基盤である。ただし基盤といっても、簡単に実現できるわけではない。チームの全員がＩＭＭ活動の本質と、本質から出てくる具体的な行動を理解していなければ、活動はうわべだけになってしまい、日常マネジメント岩盤は構築できない。
　そのような状況を防いでチームの革新を進めるのが、マネジャーの役割である。したがってマネジャーは、チームを革新するという強い思いを持つと同時に、メンバーとのコミュニケーションを強化して、自分の思いをチームに浸透させる必要がある。また、チームで仕事をするための環境づくりに手を尽くし、成果を得るために先手を打つ仕事のやり方にも挑戦しなければならない。これらの考え方、行動が下地になってマネジメント革新が起こり、それがチームの革新につながっていく。

　マネジャー自身が古い価値観を抱えたままチームを革新に導くのは不可能である。どうしても古い価値観を捨てきれず、かといって会社が導入したインパクト・メソッドをおろそかにできないという考えから、活動がうわべだけになってしまうケースは多い。福原さんの場合

も、マネジメント状況共有会での「他責モードではないか」という指摘で得た「気づき」がなければ、方向修正ができなかった可能性は大きい。しかし、今回福原さんはマネジャーとして他責ということに気づいて、「マネジャーの自責とは何か」について徹底して考えた。これまでは「他人を変える格闘」をしていたが、このとき初めて「自分を変える格闘」をしたのである。

その結果、「マネジャーは方針、方向性を指し示す人で、日常はメンバーが自己責任で回すもの」という価値観から、「メンバーの日常をすっきり回すことがマネジャーの最優先マネジメントだ」という価値観を勝ち取ったのである。

相談会後のアフターミーティングの場で、福原さんは自ら手を挙げて発表した。

「私のとらなければならない行動は、メンバーが日常業務をスムーズに回せるように動くことです」

マネジャーが自分の誤った価値観に気づくケースはさまざまである。早い場合は、マネジャー研修で自部署の問題点を整理しているときに気づいて、自分を変えようとする。また、メンバーの吐き出した内容を私たちと一緒に整理する過程で気づくマネジャーや、段取りコミュニケーションのなかでのメンバーとの本音のコミュニケーションで気づくマネジャー、今回のように私たちから指摘を受けて気づくマネジャーなどさまざまである。しかし、マネジャーが自分自身のなかにつくった誤った価値観に自ら気づくことは難しい。そこには、上司、部下、コンサルタントなど他者からの刺激が必要である。

第1章 | 明星電気〜マネジメントの本質をつかむマネジャーの闘い

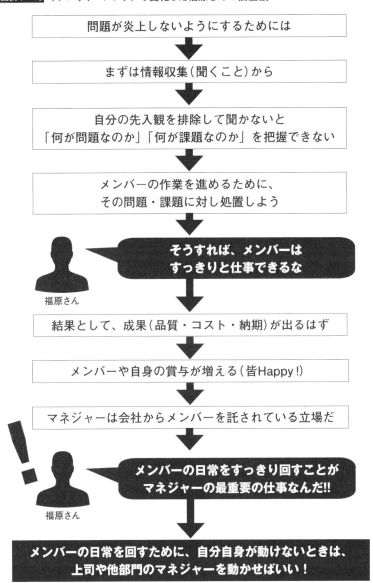

図表1-10 インパクト・メソッドで変化した福原さんの価値観

起こっている問題に自分がどう関与しているかを理解し、その根底にある誤った価値観に気づけば価値観は一瞬で変わり、行動が変わり、他者に与える影響が変わり、好循環が回り始める。
　福原さんの価値観の変化はそれを物語っている。

マネジャーは
"斬れる日本刀"を持っていた！

　福原さんが新しい価値観にたどり着こうとしていたのと同じ時期、ソフトウェアチームのメンバーもメンバー視点でマネジャーの役割について考えていた。
　マネジメント状況共有会で福原さんに向けて語られた「他責になっていないか」という私たちの指摘をメンバーも自分事として受け止めていたのである。

　「ソフトウェアチームでは、これまでマネジャーとメンバーが別々に仕事をしていた。しかし今後、チームで業務成果を狙っていくとしたら、今のままではいけない。自分たちからも、福原さんに何をしてほしいか、はっきり伝えなければならないはずだ。これから、そうしていくためにも、福原さんが本当に"斬れる日本刀（マネジメントをして、問題・課題を解決する能力）"を持っているかを知っておきたい」

　そのような結論から、メンバーそれぞれが、今困っていることを書いた付箋紙を模造紙に貼り付けて問題・課題を見える化したボードを作成し、福原さんに渡した。

　「これらを解決することが自分の仕事なのか」

自分が何をすればいいかが明確になった福原さんは、すぐに行動を起こし、「負荷調整をお願いしたい」「事業グループのマネジャーと話し合ってほしい」といった問題・課題を次々とさばいていった。その様子を見たメンバーに、もう疑いはなかった。

「福原さんは"斬れる日本刀"を持っていた」

　メンバー全員が福原さんへの信頼感を新たにするとともに、次のように考えた。

「聞いてくれる人がいる、考えてくれる人がいる、解決できる人がいるのであれば、私たちとしても、やはり考えていることをマネジャーに見せなければいけない」

　それまで、マネジャー不在で仕事をしていたのは、そうすることが暗黙の了解になっていたからである。また、品質問題が多発するような仕事のやり方を変えたいという思いが浮かんでも、それと同時に「どうせ、相手にされない」「がんばれと言われるだけだ」というあきらめの気持ちが改善の意識にふたをしていた。しかし、福原さんが頼れるマネジャーであることがわかったのだから、あきらめなくてもいいことに気づいたのである。

「問題・課題を見える化すれば、福原さんが解決してくれる」

図表1-11 「マネしてボード」

基盤設計グループ
としての事業戦略を
明確にしてほしい

㋮ 即時、展開した
㋱ 浸透はこれから

・メンバーの担当している仕事の範囲を把握してほしい
・メンバーの担当すべき仕事の範囲を確定してほしい

㋮ 口頭で伝えた
㋱ 発信はしていない

・仕事を受けるときに発注者とメンバーを含め打ち合わせをして、仕事範囲を合意
・業務範囲リスト作成

・なるべく席にいてほしい
・予定を見える化してほしい

㋮ 見える化していない
㋱ 予定聞いていない

・1日○時間は席に着くようにした
・朝会でメンバーの予定を聞き、事前に打ち合わせ時間を設定した

福原さんの予定を朝会で必ず聞く

メンバーから福原さんへの要望 → **福原さんとメンバーのやりとり** → **解決策**

「福原さんに言えば解決してくれる」というメンバーの思い、「メンバーにすっきり仕事をしてほしい」という福原さんの思いがあって生まれた「マネしてボード」。メンバーが福原さんにしてもらいたいことを左から貼っていき、福原さんとメンバーがボードを通してやりとりしながら、その解決策をいちばん右に貼っていく。最上段には3枚目の付箋紙はないが、これは解決策がまだ決まっていないことを表している。このボードによって、福原さんとメンバーのコミュニケーションがより円滑になり、チームの結束力が高まった。

こうして、メンバーの問題・課題を見える化した「マネしてボード」(図表1-11、マネして＝「マネジャーにしてもらいたいこと」の略)が職場に設置された。そこにはメンバーからのさまざまな要望が書き込まれた。

「メンバーの担当している仕事の範囲を把握してほしい」
「なるべく席にいてほしい」
「日程を決めてほしい」

　福原さんが新しい価値観を身につけるようになったのと並行して、メンバーも「メンバーの自責とは、どのようなものなのだろう」という視点を持つようになった。その結果、「マネしてボード」にみられるような問題解決に向けての能動的な行動が出てくるようになった。メンバーもまた、自分自身の価値観と格闘した結果、大きな成長を遂げたのである。

　ＩＭＭ活動が始まって10カ月が経ち、マネジャーとメンバー双方が自責を意識しながら仕事をするようになった。ソフトウェアチームの日々の仕事はスムーズに回り始めた。

Case 1-4

格闘によって
生まれ変わった組織

**マネジメントの本質を
つかみとったマネジャー**

「メンバーのために動かなければならない」

　IMM活動で新しい価値観を得た福原さんは、周囲が驚くほど迅速に行動を起こした。まず、メンバーとのコミュニケーションを深めるために、朝会と段取りコミュニケーションに必ず出席することにした。

「ふだんからメンバーの言葉に耳を傾けて、彼らの考え方や視点を知っておかなければ、いざというときに動くことはできない」

　このように考えたのである。コミュニケーションをとるときは自分の意見を押しつけるのではなく、相手の話をしっかり聞いてから必要なアドバイスを与えたり、問題・課題の解決行動をとるように心がけた。
　メンバーとのコミュニケーションが深まると、何よりもまず、慢性的な高負荷状態を解消する必要があることがわかってきた。

「マネジャーは、メンバーの負荷を正確に把握し、状況に応じて仕事の受け入れを制御しなければならない――」

　これまでは、依頼された仕事はすべて引き受けてメンバーに引き渡し、「皆がんばれ」と号令をかけるのが福原さんのマネジメントスタイルだった。業務をこなすことが最優先で、メンバーを顧みることはなかったが、その方針を大きく転換したのである。メンバーがこなしきれないときは、業務グループから依頼される仕事の日程を調整したり、ときには断った。場合によってはチームのメンバー間で仕事を調整するようになった。その結果、ＩＭＭ活動開始当初のマネジャー研修で明確にした３つのマネジメント問題のひとつである「Ｄ命」の雰囲気は消えていった。

　自分が取り組まなければならないことが明確になった福原さんだったが、積極的なマネジメントを続けていくためには、大きな問題を解決しなければならなかった。
　これまでと同じように、自分が一担当者として開発案件を引き受けると、業務グループとの調整などに時間や労力を費やせなくなってしまう。つまり、マネジャーの仕事に徹するためには、自分が担当から外れなければならなかったのである。
　福原さんが担当外になれば、これまでよりも少人数の体制で仕事を引き受け、こなしていくことになる。そこには不安もあったが、福原さんはチーム革新のために、この問題は必ず解決しなければならないという決意を持っていた。

「申し訳ないけれど、自分はマネジメントのために動かなければなら

ないので、仕事は基本的にメンバーで分担してもらいたい」

　このような福原さんの宣言に対し、異論を唱えるメンバーはいなかった。実は、メンバー間で話し合いをして、すでに「福原さんにはマネジメントに専念してもらおう」という結論が出ていたのである。

　その後、ソフトウェアチームは段取りコミュニケーションの時間を利用して、3カ月先までのスケジュールとメンバーの負荷状況をチーム全員で共有するための中日程ボードを作成した。また、案件の依頼があったときは、福原さんが中日程ボードを見て担当者を確保できることを確認し、受け入れの可否を判断するという意思決定の流れを決めた。3つのマネジメント問題のひとつである「土管のマネジメント」として問題視された、メンバーへの直接の依頼は受け入れない姿勢を明確にしたのである。

　その他、福原さんは自分のノートに中日程表を作成した。このノートを持ち歩き、仕事の依頼があったときは、すぐにノートを開いてメンバーのスケジュールを確認し、受け入れの可否を判断するのである。パソコンを持ち歩かなくても必要な情報を参照できるノートのほうが便利だと、福原さんは考えているそうだ。

　こうした工夫によってプロジェクトに人員が計画的に割り当てられるようになると、ソフトウェアチームの長年の課題だった高負荷状態は徐々に解消されていった。

マネジャーの変化が
チームを大きく変化させた

　ソフトウェアチームと事業グループとの関係にも大きな変化があっ

た。これまでは事業グループから依頼書だけで一方的に業務が依頼され、共通認識を持てるような話し合いの場がないというコミュニケーション不全を原因とする溝があり、あいまいなスタートの仕事のやり方が常態化していた。それを原因として、品質問題をはじめ、業務にさまざまな悪影響をおよぼしてきた。したがって、品質問題を解決するために事業グループとの関係を見直さなければならなかったのだが、浸透してしまった仕事のやり方を根底から変えるのは困難だと全員が思い込んでいたため、本格的な対策が実施されてこなかった。

　しかし、メンバーのために動こうと決めた福原さんに迷いはなかった。福原さんは各事業グループのマネジャーと話し合い、案件ひとつずつについて、しっかりと打ち合わせをする方針を打ち立てた。
　また、これまでメンバーは、事業グループから送られてきた依頼書の内容を読んでから作業に取りかかっていたが、それでは時間がかかりすぎるということで、依頼書が送られてきたら、まずは担当者が事業グループを訪ねて案件の詳細をヒアリングすることにした。福原さんも可能なかぎり同席するようにした。

　福原さんの行動に反応するように、チーム内にも変化が現れた。たとえば、スケジュールとメンバーの負荷状況を共有するようになって以降、負荷調整に対するメンバーの意識が高まった。メンバー自身がスケジュールの青写真を描き、工数不足のおそれがあるときは事業グループとの調整を福原さんに申し出るという行動がみられるようになったのである。また、トラブルが発生したときは、たとえ相手にミスがあっても、「自分たちはまず何をするべきか」と、自人称で考えることが身についた。3つのマネジメント問題の最後のひとつである

「光らないパトライトと"カイの手"」のパトライトも回るようになったのである。

その他、「何かあれば事業グループへ聞きに行く」という行動が定着した。福原さんは以前から実践していたが、日常マネジメント岩盤が形成されておらず、チーム内に他人への無関心が漂っていた頃には、メンバーにそうした行動が伝播することはなかった。しかし、チーム内のコミュニケーションが活発化し、お互いの情報の共有化が進んだことで、他のメンバーのよい行動をお互いに取り入れるようになった。

その結果、自分の席で１日中、作業を続けるメンバーが減った。より濃密なコミュニケーションを必要とする案件の場合は、その都度聞きに行くのは非効率になるという判断から、事業グループの職場に席を設けてもらい、プロジェクト期間中はそこで作業を続けるというメンバーもいる。そうした新しい仕事のやり方が生まれたのも、福原さんが、マネジャーとしての自分の役割は何かを考え、どうすればソフトウェアチームが組織として機能するのかを真剣に考えた格闘の成果である。

福原さんに起きた変化について、柴田取締役は次のように分析している。

「サッカーにたとえると、以前の福原さんは監督だったのでしょう。ベンチにいて、メンバーに指示を出すのが自分の役割だと考えていたということです。しかしマネジメント状況共有会の出来事があってからは、ベンチを飛び出してグラウンドに入り、司令塔としてメンバーとともにプレーするようになった。得点しようとゴール前で動き始めたのです。ＩＭＭ活動を通じて、彼は口を出しているだけではダメだ

ということに気づいたのだと思います」

　石井社長は、自分自身の経験と重ねて次のように語る。

「20年前、私は活動を通じて『設計とは』『技術とは』ということを学びました。メンバーが成長すればマネジャーに余裕が生まれ、今まで見えなかったものが見えるようになります。福原さんも、ＩＭＭ活動前より視野が広がったように見えます。今ではひとつ上の仕事をやれるようになったのではないかと思います」

マネジャーの変化が
メンバー個々の成長を促す

　私たちは、福原さんのもとで主任を務める金谷さんの成長にも注目していた。以前の金谷さんは、他のメンバーから質問や要望を投げかけられたとき、「自分もよくわからないから、あとで福原さんに聞いておくね」といったあいまいな対応が多かった。ＩＭＭ活動がスタートして以降、その点を修正したほうがいいと、たびたび福原さんから指摘を受けていたが、どのような態度で他のメンバーに臨むべきなのか、答えはなかなか見つからなかったそうだ。しかし福原さんのマネジメントが変わると金谷さんのそうした姿勢も変化し、メンバーの話を聞いて的確な指示を出すなど、福原さんをサポートする行動をとり始めた。

「ＩＭＭ活動中、福原さんには、『どうすればいいかと聞かれたら、何でもいいから答えを決めて指示してあげて』とよく言われていました。そのときは、決めろと言われても答えがわからないので、どうす

ればいいのかと戸惑っていたのですが、福原さんがメンバーの困りごとを聞いて積極的に対処する姿を見て、『ああ、こういうことなんだ』とわかり、自分も実践するようになりました」と金谷さんは振り返る。

　また、当初はＩＭＭ活動に強い拒絶反応を示していたメンバーもいたが、そのメンバーも大きく成長した。高負荷状態のソフトウェアチームのなかでも特に仕事が集中していたそのメンバーは、チームの仕事のやり方に不信感を抱き、「自分の仕事さえこなせばいい」と考えていた。しかし、福原さんがマネジメントを変え、ソフトウェアチーム全体が業務成果を求めて前進し始めると、そのメンバーにも「ひとりで仕事を抱え込むよりも、チームで仕事に臨むほうがいい」という新しい価値観が生まれた。

　その結果、朝会や段取りコミュニケーションで自分の意見や提案を遠慮なく言うようになったほか、難易度の高いプロジェクトに取り組もうとしているメンバーがいれば、自分から声をかけてアドバイスするなど、周囲の人のサポートを積極的に買って出るようになった。

　このようにマネジャーの変化は、メンバーの意識と行動によい影響を与え、成長を促すことにつながる。

　福原さんがメンバーを変えようとしていたときは、メンバーもチームも変わらなかったが、福原さん自身が変わると、メンバーもチームも大きく変わったのである。

数字にも現れ始めた
マネジメント改新の効果

　チームの成長ぶりは、数字にもはっきり現れた。14年度の納期遵守

第1章 | 明星電気〜マネジメントの本質をつかむマネジャーの闘い

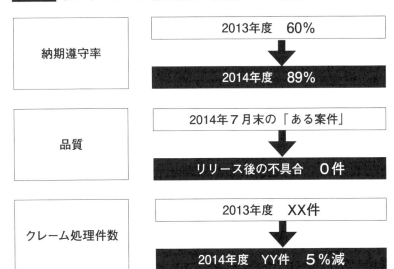

図表1-12 インパクト・メソッド導入で数字に現れたチームの成果

IMM活動を1年間続けたことで、福原チームは目に見えるかたちで成果が出るようになった。特に14年7月の案件では「不具合0件」と目覚ましい成果になっている。

率は89％を記録（基盤設計グループ要因の納期遵守率は100％達成）し、クレームへの対応状況を示すサービス表、不具合是正表のクローズ率とともに前年の値から大幅に改善された。また、ソフトウェアの開発規模を示すステップ数も目標どおり倍増した。インパクト・メソッド導入時に設定した3つの成果目標はすべて達成された。マネジャー研修のときに掲げられた「土管のマネジメント」「光らないパトライトと"カイの手"」「D命」という3つのマネジメント課題も、この時点ですでにみられなくなっていた。

14年6月、1年間のIMM活動が終わり、ソフトウェアチームは

図表1-13 福原チームの成長曲線

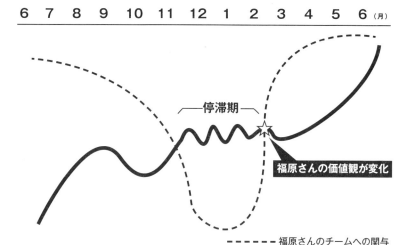

チームの停滞期は、福原さん自身の仕事が忙しく、チームへの関与が大きく減少していた。しかし、福原さんの価値観が変化し、チームに関与し始めたことで、停滞していたチームは、成長し始めた。リーダーの変化がチームに大きな影響を与えることがよくわかる。

「飛越式❷」を迎えた。飛越式はインパクト・メソッド活動の卒業式である。ただし、1年の活動を通じて成長を遂げなければ活動修了とは認められず、補習が課せられることもある。

福原さんを先頭に革新を起こしたソフトウェアチームに対し、私たちは「評価できるレベルに達した」と判断し、活動修了を認めた。

飛越式では、各チームが自分たちの活動の成果について発表する。活動中に作成したボードを使用し、革新前と革新後を比較しながら、どのような出来事があり、なぜ変わることができたのかを振り返るのである。

ソフトウェアチームの発表では、メンバーが「チームの成長ボード」を掲げて１年の活動の成果を説明した。そこには、長い停滞期を乗り越えて、チームが急成長を遂げた課程が、右上に大きく伸びあがったグラフで示されていた。
　思い返せば、活動がスタートしてからの９カ月間、福原さんは自分のやり方に周囲を従わせようとしていた。「他人の価値観を変えるための格闘」をしていたのである。その結果、ソフトウェアチームには深刻な停滞が起こった。しかし、２月のマネジメント状況共有会で私たちの指摘を受けたあとは、真剣に自分と向かい合い、「自分自身の価値観を変えるための格闘」をした。そして、新しい価値観を勝ち取った。おそらく、このときの生みの苦しみがなければ、「メンバーが日常業務をスムーズに回せるように動く」という新しい価値観が腹落ちすることはなかっただろう。手法を知るだけでは、本当のマネジメントにはたどり着かない。これまで当たり前だった従来からの考え方・価値観と行動を、勇気を持って変えてこそ本当のマネジメントを手に入れられるのである。私たちが「マネジメントは格闘技」と考える理由がそこにある。

メンバー１人ひとりを
自律的に行動できる技術者にする

　14年４月、明星電気は事業部制に組織を変更し、各事業部には独立採算が求められることになった。

「これからは自分たちも、独立したソフトハウスになるというくらいの覚悟が必要だ。社外から受注できるだけの力がないと、生きてはいけないだろう」

ソフトウェアチームのメンバーからは、そのような緊張感のある言葉も聞こえてくる一方で、「全員が力をつければ、ソフトウェアチームとしてビジネスチャンスを創出し、収益を上げるのは難しいことではない。今の自分たちならできる」と皆が考えている。同じ価値観のもとで高度な目標を目指す姿は、以前のソフトウェアチームとはまったく別のものである。
　福原さんは、すでに視線をチームの次なる成長に向けている。

「メンバー１人ひとりが自律的に行動できる技術者になってほしいと考えています。現在、私たちは明星電気技術本部基盤設計グループのソフトウェアチームとして仕事をしていますが、いつまでも同じ組織で今と同じように仕事をしていられるかどうかはわかりません。だから、メンバーにはひとり立ちできるくらいの技術と仕事のやり方を身につけてほしいのです。そして彼らを、どの組織でも安定的に技能を発揮できる状態にすることが私の役目であると考えています」

これからも続く
ＩMM活動

　ソフトウェアチームにおけるＩMM活動の成果について、柴田取締役は次のように語る。

「これまで、コミュニケーション不全が原因で手戻りが多発していましたが、ＩMM活動によって明らかにチームの連携がよくなり、手戻りが低減してソフトの品質もよくなりました。これらはＩMM活動の成果であり、とても満足しています」

柴田取締役はＩＭＭ活動に参加したチームの役割についてこう考えている。

「今回の経験を糧に、さらなる成長を遂げてほしい。それができれば、次の世代の組織にも好影響を与えられることになります。ＩＭＭ活動を導入した真の狙いは、そこにあるといってもいいかもしれません。
　とはいえ、ＩＭＭ活動に参加したチームのマネジャーやメンバーがそのような意識を持たなければ、活動は一過性のものになるでしょう。マネジャーやメンバーは、『今自分たちが体験しているのは、多数ある可能性のうちのひとつ』という視点に立ち、今後、自分たちで活動の幅を広げていくことが必要だと考えています」

　柴田取締役が指摘するとおり、こうした改革を継続することは難しい。一度は変わったとしても、それがゴールではない。私たちの手を離れてから、持続的に変革を続ける組織になるための新たな格闘が始まるのである。

　現在、明星電気では、基盤設計グループが取り組んだ第１期の活動に続き、第２期の活動がスタートしている。導入対象は、気象防災事業本部防災事業部の水管理・制御グループと、宇宙防衛事業部の宇宙利用グループである。今後の展望について、石井社長は次のように語る。

「今回、ソフトウェアチームは、プロジェクトに関する情報をチームで共有し、協力し合って仕事をすることの重要性を知りました。これ

からは技術部門すべてに、そのような考え方で仕事に取り組んでもらえるようにしたいというのが私の思いです。技術部門は、どこも似たような問題を抱えているので、ソフトウェアチームと同じように成長できるはずです。また、ソフトウェアチームをはじめ、第１期の活動を終えたチームが、営業、製造、プロジェクトなど関係する部門を巻き込み、ＩＭＭ活動を拡大していくことにも期待しています」

　ソフトウェアチームは、社内受注だけでなく、外部から受注することにも目を向け、「ソフトウェアチームでビジネスをとる」という高い目標を掲げた。その挑戦のなかで、お客様のニーズをより早くつかむため、ソフトウェアチームと営業部門が一緒にお客様を訪問するといったような、石井社長が語る他部門の巻き込みもすでに始まっている。

　今後、明星電気のマネジメント風土は、目覚ましい躍進を遂げるはずだ。

第2章

NECソリューションイノベータ

～チームを革新へと導く　マネジャーの闘い

【会社概要】
NECソリューションイノベータ株式会社
［本　社］　東京都江東区新木場
［設　立］　1975年
［社員数］　11,643名（2015年3月末）
［売　上］　未上場のため非公開
［資本金］　86億6,800万円

❓マークのある太字のキーワードは、202ページ以降のインパクト・メソッド用語集に掲載されている。

NECソリューションイノベータ ERPソリューション事業部での導入の流れ

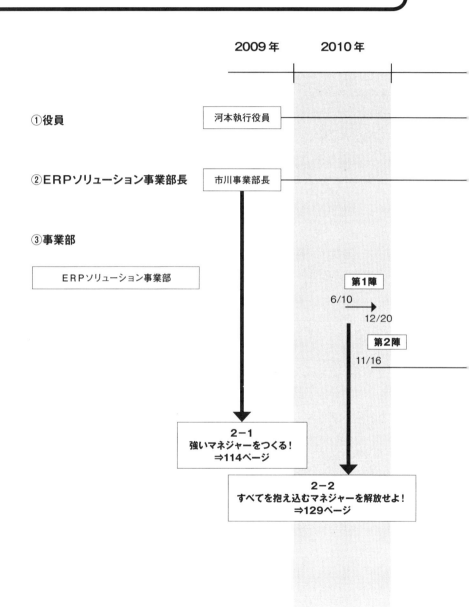

第2章 | NECソリューションイノベータ〜チームを革新へと導くマネジャーの闘い

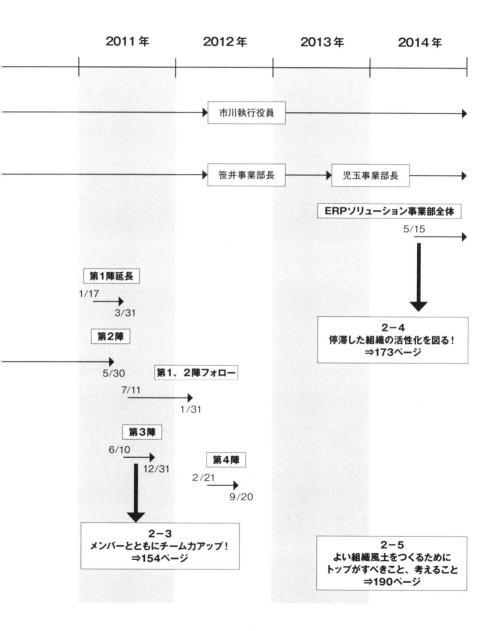

Case 2-1

強いマネジャーをつくる！

「コミュニケーション不全」と
「個人商店化」した開発現場

　ＮＥＣソリューションイノベータ株式会社は、2014年4月に旧ＮＥＣソフト株式会社を存続会社として、国内グループ会社6社を統合する形で発足した国内最大規模のソフトウェア会社である。ＮＥＣグループでは、双方向型の情報通信技術として地域医療の遠隔支援や防災情報の共有などへの利用が期待されるインフォメーション・アンド・コミュニケーション・テクノロジー（ＩＣＴ）を活用した社会インフラの提供を"社会ソリューション事業"と呼ぶ。ＮＥＣソリューションイノベータはその中核企業として官公庁、自治体、各産業分野の企業を主な顧客として、システム・インテグレーション（ＳＩ）サービスの提供とＩＣＴを支える基盤ソフトウェアの開発を軸に事業を展開している。

　ＮＥＣソリューションイノベータの前身であるＮＥＣソフトがインパクト・メソッドを導入したのは10年6月。5年が経過した現在までに40チーム、延べ200人が、社内での通称「イン・メソ活動」を通して職場の革新活動に取り組んできた。
　インパクト・メソッドはトヨタやキヤノンなど製造業の開発部門で

多くの実績を出したことで知られるが、一方でＩＴ企業の開発部門でも高い成果が認められている。ＮＥＣソリューションイノベータの実践事例はその代表的なひとつである。

　私たちがコンサルテーションに入った10年当時、ＮＥＣソフトは単体で売上高1094億円、最終利益46億円、従業員5000人弱の規模があり、ＮＥＣソフトウェアグループの中核企業と位置づけられていた。
　同社のインパクト・メソッド導入は、はじめは全社的なものではなく、ＥＲＰソリューション事業部というひとつの部門からスタートした。当時、事業部長だった市川博之さん*が、ソフトウェア開発の生産性向上策を探るなかでインパクト・メソッドと出合い、事業部単独導入に踏み切ったという経緯がある。
　現在、執行役員を務める市川さんは、当時の開発環境について次のように振り返る。

「開発者の多くは個人商店化して、効率化という点から見てロスがあることは明らかでした。私が事業部長になってから、システムの改善を中心とした革新活動にトライしましたが、グループによって活動の成果に差が生じ、やがて全体に停滞感が広がっていきました。手法が間違っていることはわかっていたのですが、どのように変えればよいのか、その方法論がみつかりません。手探りで暗闇のなかを歩き続けるように打開策を探していました」

　市川さんの事業部が推進するＥＲＰ（Enterprise Resource Planning）とは、企業内の経営資源を統合的に管理して全体最適を

---

*15年3月時点の肩書は、執行役員

図表2-1 NECソリューションイノベータの組織図（2015年3月時点）

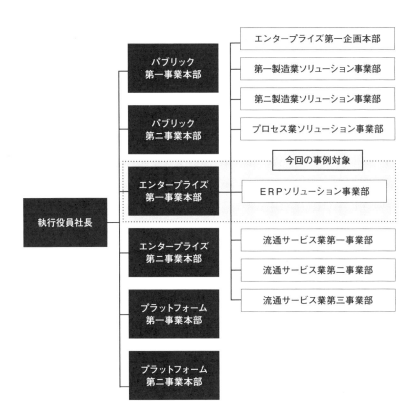

目指す手法のこと。ERPのパッケージソフトは「統合基幹業務システム」とも呼ばれ、製造・販売・調達・物流などの現業部門から人事・財務・経理などの管理部門まで、業務横断的に情報管理を支援する。幅広い部署の業務情報を一元管理するため、ソフトウェアのなかでも大規模なものになることが多い。

　10年当時のERPソリューション事業部は、担当事業別に4つの

グループに分かれており、社員が約130人、パートナー社員を含めて約180人がいる組織だった。市川さんが事業部長に就任した06年頃から、NECグループは中堅・中小企業向けERPソフトの開発に力を注いでおり、この分野は将来的に、NECグループの事業を支える柱のひとつに育つことが期待されていた。

「蔵王の誓い」から
すべては始まった

　市川さんには事業拡大とともに、もうひとつ重大なミッションが与えられた。

「ちょうど私が事業部長に就任した06年4月、NECソフトウェアグループで、生産革新活動がスタートしました。ソフトウェア開発で、世界トップレベルの生産性を実現するという目標です。世界一を目指すなら、当然、飛躍的な生産性向上、画期的な革新活動が求められる。それは各事業部のトップに課せられたミッションでした」

　このミッションは、社内で「蔵王の誓い」と呼ばれるNECソフトウェアグループ全体の目標から生まれている。05年9月、山形県の蔵王で開かれた合宿会議。のちにNECソリューションイノベータに統合される7社の社長が集まり、「ソフトウェアの生産性を現状の2倍、世界トップクラスのソフト会社を目指す」という誓約を交わした。具体的な進め方として、経営、プロジェクト、現場の3つのレベルで「見える化」と「レビュー」を徹底し、活動の進捗と実行状況の把握からスタートすることが決まった。

インパクト・メソッド導入を進めた市川事業部長（現・執行役員）。世界一の生産性を目指すなか、インパクト・メソッドに出合った。

　このとき強く意識されたのがトヨタ生産方式だった。
　ＮＥＣグループでは、90年代からハードウェアの工場にトヨタ生産方式を取り入れ、生産性を3倍から6倍に向上させるという高い実績を出していた。同じＮＥＣグループであるから、ソフト開発の生産革新でも、トヨタ生産方式の考え方を取り入れようとするのは当然の流れだった。

　開発現場の状況は、ハードウェアとソフトウェアの区別なく、品質、コスト、リードタイムなどへの要求が年々厳しくなっている。特に個人商店化に陥りやすいソフト開発は、要求水準が高まるほど担当者によって成果の違いが出やすくなり、仕事の標準化と成果の平準化が求められるようになった。その意味でも、ソフトウェア開発にトヨタ生産方式が活かせる部分は多い。
　この分野では、90年代にアメリカで提唱された「リーンソフトウェア開発」がよく知られている。トヨタ生産方式の研究から生まれ、ムダの徹底排除、品質のつくり込み、知識の集積などの原則を開発業務の具体的なツールに落とし込んだ手法である。

市川さんも、自部門の生産革新を模索するなかで、リーンソフトウェア開発を試してみた。

「私はもともとトヨタ生産方式に関心が強かったので、ソフト開発にうまく転用できれば高い効果が見込めるはずだと考えていました。リーンソフトウェア開発はトヨタ生産方式を源流に持つのですから、まさにうってつけの開発手法です。ところが、実際の開発現場に当てはめようとすると、思ったほどにはうまくいかない。これはどういうことかと頭を痛めました」

　その後もいくつかの手法を試してみたものの、市川さんが期待したほどの効果は見られなかった。

組織風土の問題に
突き当たる

　目立った成果が得られないまま2年あまりが経過した08年秋、リーマン・ショックが起こる。業界全体が深刻な業績悪化に見舞われるなか、ERPソリューション事業部も売上がピーク時と比較してふた桁に近い減少となる打撃を受け、売上回復と同時にソフト開発の生産性向上は喫緊の課題となる。

　市川さんは、リーンソフトウェア開発などの革新活動が自分たちの職場で成果に結びつかない理由を検証してみた。そこで浮かび上がったのは"組織力の問題"だった。

「どれだけ優れた開発手法でも、現場で実践するのはマネジャー、リーダー、そして開発担当者です。ひとつの手法を取り入れるなら、職

場内で徹底し、進展させなければ成果は望めないとわかったのです。現場の組織力、つまり現場力が重要なカギですから、ここで"ひと・組織・マネジメント"の問題に行き当たりました」

　トヨタ生産方式が高い成果を生んできたのは、突き詰めれば、トヨタ自動車という組織の強さがベースにあったからだと市川さんは考えた。そのことはトヨタ生産方式を解説する書籍で読んではいたが、それはあくまで知識だけの話にすぎない。自分たちで実際に取り組んでみて、"ひと・組織・マネジメント"の問題がようやく実感できたという。市川さんは大きく発想を転換した。

「トヨタ生産方式は40年代から、優秀なトヨタマンが実践と改良を重ねて確立したものです。今では70年の蓄積があり、この差は歴然としています。完成した手法やシステムをいくら真似しても、真似しきれない組織の価値観や風土といった部分がどうしても残る。むしろ、そのほうが成果への影響は大きい。もしトヨタさんのような強い組織ができるなら、それこそが本当に目指すべきところだろうとイメージしました」

　市川さんは、新しい開発システムの導入よりも、組織の問題を優先すべきだと考えて、現場の現実に目を向け始めた。現場がただ強いだけでなく、自分たちらしいユニークな組織に育てば、それは結果的にビジネスの競争優位につながるはずだと発想した。
　しかし"ユニークで強い組織"はあくまで市川さんのイメージであり、具体的にどのような改革を進めれば実現するかという道筋までは明確にできなかった。しかも組織やマネジメントの問題は、不具合率

や原価率のような数値化できる指標がなく、答えを導き出そうとしても悩みは深まる一方だった。「これは何かわからない、一種の複雑系なのだろうか」と考えたものの、組織の問題、マネジメントの問題に踏み込まなければ、生産革新は成し遂げられないという確信は持ち続けていた。

　市川さんが特に注目したのはマネジャー層である。開発現場のパフォーマンスは、組織をまとめるマネジャーによって上下する。このことは経験的に知っていた。

　当時、市川事業部長の下には、4人のグループマネジャーがいて、その下にある計4つのグループにそれぞれマネジャーがいた。チームリーダーを中心とする現場チームを束ねるのはこのマネジャーで、そのチームは彼らの苗字をとって「鈴木グループ」「田中グループ」と呼ばれていた。

「グループマネジャーとマネジャーがしっかり機能していないと、"ユニークで強い組織" はとても実現できないと思いました。トヨタさんだけでなく、強い組織はどこもマネジャーの働き方が違うのではないか。強い組織は、強いマネジャーがつくる。これが私の到達したひとつの結論でした」

　そこまで考えを進めたところで、市川さんは新たな問題に直面する。

「それでは、強いマネジャーを育てるにはどうすればよいのか」

　自問自答を繰り返すなかで、市川さんはアメリカの経済学者、ピー

ター・センゲが書いた『学習する組織』を読んだ。著者が説くように仕事を通して人を成長させることができれば、売上回復を達成しながら強いマネジャーを育てることができると思われたが、「学習する組織」を実現するための具体的な方法論は見つからなかった。

セミナーに参加して決意した
インパクト・メソッドの導入

　市川さんがインパクト・メソッドについて知ったのはリーマン・ショックから1年後の09年秋である。きっかけは私たちがその年の10月に上梓した『開発チーム革新を成功に導くインパクト・メソッド』の出版記念講演会だった。

「案内を見た瞬間にハッとしました。出版された本は、まさに開発部門の革新活動がテーマだったのです。その活動目的には"業務成果と、個人と組織の成長を同時実現"と書かれていました。つまり開発システムだけでなく、人や組織の問題に焦点を当てるということ。これは私自身のテーマと一致しています。しかもトヨタ自動車で15年の活動実績があり、講演会ではトヨタさんの社員が実践事例を発表すると紹介されていた。これは聴きに行こうとすぐに決めました」

　この出版記念講演会は大阪、名古屋、東京の順に3会場で開かれ、計360人以上が来場した。市川さんが足を運んだのは、東京国際フォーラムで開かれた11月4日の講演会だった。
　出版記念講演会では、はじめに社長の倉益がインパクト・メソッドの基本的な考え方と進め方について講演し、そのあとにトヨタ自動車の技術部門で全面展開されている様子と実際の活動内容が約2時間か

けて発表された。その内容から、市川さんは「これなら自分の事業部でも実践できそうだ」と直感したという。

「仕事のやり方を抜本的に変えるための『**コミュニケーション革新❼**』『**問題・課題解決革新❼**』『チームワーク革新』という『**3つの革新❼**』は、私の事業部でも効果的だと思いました。しかも、徹底した見える化、未来志向の計画立案など、開発業務のポイントを押さえながら、人間に焦点を当てるところは、自分がイメージした革新活動そのものでした。マネジャー主導で変革を起こす、イキイキと笑顔で働ける職場をつくるなどの点もそうです。システム改善などで表面的な部分をいじっても、人間臭い活動がともなわないと組織は変わらないと再認識しました。私個人はもうこれに賭ける気になりましたが、最短で6カ月はかかる活動ですから、導入には慎重な検討が必要でした」

　市川さんは、活動内容についてより詳しく知るために、後日開催される「インパクト・メソッド実践展開セミナー」に参加を申し込んだ。
　この実践展開セミナーは、1回に10人から20人と小規模で開催し、参加者も発言できる双方向型で進める。セミナーが始まる前には、個別相談でインパクト・メソッドに興味を持った背景や、革新活動への期待なども確認する。
　市川さんはインパクト・メソッドの経験者から活動の詳細を聞き、導入の意志を固めた。

「このセミナーに参加するまでは、社内の人間だけでもインパクト・メソッドを実践できるのではないかと考えていました。しかし、活動の過程ではマネジャーに対してかなり厳しい要求を突きつけなければ

ならない場面があると知ったのです。社内の人間どうしでは、甘えが生じてしまうので、コンサルタントの力がなければ結果が出るまでやり通すことは難しいと考えました」

**従業員の笑顔は
タダなのか？**

　実践展開セミナーを受講した市川さんは、インパクト・メソッド導入の意志を固めた。しかし自分ひとりが納得しただけでは革新活動はスタートできないと考えて、4人のグループマネジャーに、そのあとに開催される実践展開セミナーに参加するように伝えた。活動の現場で指揮をとることになる彼らとは、インパクト・メソッドの知識を同じレベルに揃えておきたいと考えたのである。

　実践展開セミナーは当初3回開催の予定だったのが、参加希望者が予想以上に多く、翌年3月までに3回が追加開催された。その結果、グループマネジャーも事前にインパクト・メソッドについて知ることができたわけである。

　市川さんは10年度の導入を計画し、社内での調整を進めたが、思いがけない障害にぶつかった。予算の問題である。導入の第1陣として3チームか4チームで合計30人前後を対象にスタートしたかったが、教育施策を管轄していた部署から、人員面や社内の調整などの面ではできる限りの支援をするが、会社の教育予算を割くことは難しいと言われた。導入が決まってからの教育施策担当部署は、研修に部員を参加させ、社内へのプロモーションにも協力を惜しまなかったが、この段階では予算の獲得を市川さん自身が解決しなければならなくなった。

「30人前後で半年コースを受講すると、高額の予算が必要となります。原価低減など数値化できる成果が出れば、コンサルティング料も必要な投資として認められますが、仕事の価値観や組織風土にかかわる活動は、明らかな成果がすぐには確認できません。本当に大切な部分には投資されないわけです。社員の笑顔はタダではありません。従業員がイキイキと働ける職場をつくるための投資が異論なく認められる組織風土をつくらなければならないと決意しました」

　市川さんは、当時の社長に「インパクト・メソッドの導入はどうしても必要なので、事業部予算から捻出します」と報告した。市川さんはすでに「この活動を導入して職場を変えたい」と経営陣へたびたび訴えていたので、社長はすぐに市川さんの思いに理解を示し、事業部投資による導入を認めた。市川さんはERPソリューション事業部の活動としてインパクト・メソッドの導入に踏み切ることを決めた。

「会社ですから、短期的な成果が求められるのは当然です。しかし事業部長になれば、長期的な視点も意識します。たとえば若い社員の教育は、10年先20年先に向けての投資です。企業文化、組織風土を育むのも同じで、遠まわりに見えるところにこそ本質がある。数年で成果が出なくてもこれは必要な投資だと考えて、事業部負担で導入することに決めました。ビジネスはつねに短期成果と長期成果の同時実現を目指すべきでしょう」

　市川さんのインパクト・メソッドにかけた期待の大きさがわかるエピソードである。市川さんは、10年4月に発表した事業部の新年度方

針もインパクト・メソッドの用語を織り交ぜながら、部下に説明した。市川さんは「導入前からインパクト・メソッドの考え方を少しでも吸収させておきたかった」と言う。

そして活動が始まると、市川さんはできる限り現場を訪れ、部下にインパクト・メソッドに対する自分の思いや継続の必要性を説き続けた。ときには叱咤し、ときには適切な支援を行うなど、私たちの目から見ても、活動の成功は市川さんの尽力によるところが大きかった。特に、活動のキーパーソンになると考えたマネジャー層への指導には力を注いだ。

「グループマネジャーとマネジャーには、『変わってほしい』という私の思いを訴え続けました。マネジャークラスはなかなか意識が変わりません。本当にインパクト・メソッドの意味を理解し、活動を継続できる人は、マネジャーのなかでも６割程度でしょう。それまで自分を支えてきた思考や慣習を捨てろと言われれば、だれでも不安になります。叱咤激励を続けてその恐怖心を取り除くことが私の格闘でした」

マネジャーの意識改革へ向けて動き出したこの時期、市川さん自身にも意識の改革が起こっていた。活動のスタートを前に、導入組織のトップである市川さんと私たちの面談が行われた。市川さんは倉益に導入の目的を尋ねられて、次のように答えた。

「とにかく強いマネジャーをつくりたいんです」

市川さんはここ数年考えてきたことを正直に話したつもりだった。

ところが、スタートした支援のなかで倉益の話を聞くうちに考えが変わってきたという。

　インパクト・メソッドの基礎となるマネジメントの定義やその本質について考えるとき、さまざまな課題が思い浮かぶ。職場の現実をどう直視するか、開発スタッフをどう見るか、そもそも仕事とはどう進めるべきものか——いずれも根源的に掘り下げなければ解決できない問題である。そして、問題・課題解決に関するパラダイム・チェンジの起こし方についての説明があった。マネジャーとメンバー全員が自分たちの古い価値観を徹底的に壊し、大胆に改めなければ、本質的な課題解決にはたどり着けないという考え方である。

「強いマネジャーをつくりたいと話した私に、『そう言うあなたにマネジメント哲学はありますか？』と問い返されたと感じたほど、強い衝撃を受けました。マネジャーの強さや弱さは、そのマネジメント哲学に照らして判断すべきなのに、その根っこが固まっていない。そう考えれば、私も含めて社内にマネジメント哲学がないのだと痛感しました。パラダイム・チェンジは、そこから手をつけなくてはいけなかったのです」

　市川さんは、イン・メソ活動を事業部主体で進めると決めた一方で、全社の生産革新を統括している推進部門を早い段階から巻き込んでいる。さらに活動状況などの情報はできるだけオープンにし、他の事業部にも強くアピールすることを心がけた。そうすることで、活動が長期的な成果を狙っていることを知ってほしいと考えたのである。

「活動がスタートし、成果が表れるにしたがって社内の評価は大きく

変わりました。よその事業部から見てもわかるほどの変化だったのです。私自身もすぐに、若い開発者が段取りコミュニケーションを楽しみ、イキイキと話している様子から変化の兆しを感じ取りました。しかしパラダイム・チェンジの難しさが身に染みてわかるのは、本格的に活動が進んでからでした」

Case 2-2

すべてを抱え込む
マネジャーを解放せよ！

好業績の事業が
リーマン・ショックで一変した

　市川事業部長が導入に尽力したイン・メソ活動は、10年6月、ついにスタートを切った。

　ERPソリューション事業部には、会計用ソフトを扱う「会計グループ」、販売管理、会計や人事など基幹業務を支援するパッケージソフトの「EXPグループ」、顧客情報の管理システムを扱う「CRMグループ」があり、これらのなかから第1陣として合計5つのチームが参加した。

　CRMグループをまとめていたのは、06年にグループマネジャーに昇格した刀禰剛さん*だった。刀禰さんは84年にNECソフトウェアに入社した。その直後からNEC本社に11年間出向し、95年に戻ってきてCRMグループに配属された。

　この頃、刀禰さんは海外の企業に普及し始めた「ビジネス・インテリジェンス」（BI）に注目していた。BIとは、経営判断を支援する情報システムの総称で、社内で蓄積したデータを各課題に基づいて集計し、意思決定の判断材料となるように加工する。

　このBIは日本企業にもニーズがありそうだと考えた刀禰さんは、2000年にひとりでBI構築専門のグループを立ち上げ、08年までに

＊15年3月時点の肩書は、エンタープライズ第一事業本部ERPソリューション事業部BIサービスグループ　グループマネジャー

図表2-2　ERPソリューション事業部の組織図（2010年当時）

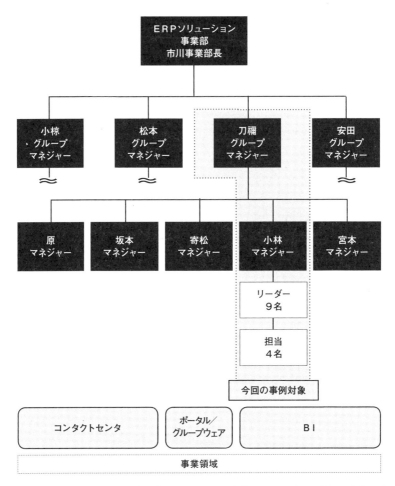

2010年当時、CRMグループは、「コンタクトセンタ」「ポータル／グループウェア」「BI」の3軸でビジネスを展開していた。

インパクト・メソッドとの出合いで、刀禰グループマネジャーはマネジメントのスタイルを大きく変えた。その結果、過去最高の売上を記録することになる。

半期で5億円を売り上げる事業に成長させた。ＣＲＭグループは、「コンタクトセンタグループ」「ポータル／グループウェアグループ」「ＢＩグループ」に分かれていた。

　ＣＲＭグループが扱う案件は、1000万～3000万円規模のプロジェクトが中心で、1億円を超えるような大規模プロジェクトに比べて導入しやすい価格帯である。特に2000年代前半は企業の設備投資が活発で、当時のＣＲＭグループは、毎日のように問い合わせの連絡を受け、それが受注につながっていた。

「当時は待っているだけで仕事が飛び込んでくるという感覚で、自分からとりにいくという意識はまったくありませんでした」

　ＣＲＭグループの売上は順調に伸び、つねに半期ごとの目標を達成していた。しかし08年秋に起こったリーマン・ショックを境に、その状況は一変する。

「私たちの契約は4月から翌年3月までの年度単位が多く、毎年12月から1月にかけては新しいシステムの導入や改修をお勧めして、契約延長を図ってきました。これを提案活動と呼んでいますが、毎年12月になれば、お客様のほうからも、何か提案するようにご依頼を受けていたのです。ところがリーマン・ショック以降は、その依頼がぱったりとなくなりました」

　刀禰さんは、これまでのような待ちの姿勢では、売上を回復できないと考え、自らお客様を訪ねる積極的な提案活動を始めた。しかし、受注の増加にはつながらなかった。

年上部下の個人商店化が
マネジャーの「3力」を奪った

　CRMグループのなかで、特に売上の落ち込みが深刻だったのが、BIグループでシステム開発を担当する小林貴美子マネジャーのグループだった。

　小林さんは女子大の服飾学科で学んだという、NECソフトでは異色の学歴をもって入社した。しかしシステム・エンジニア（SE）としては優秀で、人柄もよく、周囲からの評価は高かった。

　その小林さんが、06年に異例といえる抜擢人事でマネジャーに昇進した。マネジャーへの昇進は30代後半から40代が多いなか、35歳という早い昇進だった。

　刀禰さんは、彼女の優秀な仕事ぶりから判断すれば当然の結果であり、組織活性化の観点からも抜擢人事は積極的に行うべきだと考えていた。しかし、心配な点もあった。

　刀禰さんは、小林さんにはマネジャーに求められる"厳しさ"が欠

けていると考えていた。小林さんは、年上のＳＥを部下に持つことになるが、彼らは職人気質が強く、管理されることを嫌う。刀禰さん自身も苦労していたことから、この１点を心配していた。

　小林さんが経営層の期待を受けてマネジャーに就任すると、刀禰さんの不安は的中して、06年度下期の売上は上期を下回った。

「このときに手を打っておけば、そのあとの混乱を防げたかもしれません。しかし小林さんはマネジャーに昇格してまだ１年目でした。２年目以降はきっと建て直してくれるだろうと思っていたのです」

　しかし、状況は刀禰さんが考える以上に深刻だった。売上は07年度、08年度と２年連続で前年度を下回り、そこにリーマン・ショックが起こった。この影響を受け、09年度上期の売上は、06年度上期の半分にまで落ち込んだ。

　グループを建て直すには、小林マネジャーが「売上の回復」というチーム目標を設定し、その達成に向けてとるべき具体的な行動を日常業務のレベルで示す必要があった。

　インパクト・メソッドでは、マネジャーに求められる能力は「**変えたいことを指し示す力❷**」「**マネジメントアイデア創出力❷**」「**変える実行力❷**」という３つの力だと定めている。しかし、当時の小林グループは、マネジャーが３つの力を発揮できる状況にはなかった。その理由は小林さんの忙しさにあった。

　小林さんは、メンバーが担当するプロジェクトの進捗管理に勤務時間の大半を割いていた。また、売上を伸ばすための提案活動も重要な業務であり、一方ではプロジェクトマネジャーとして数億円規模の大

型案件を抱えていた。しかし、小林さんの業務を他のメンバーに割り振れば、3つの力を発揮するために必要な時間をつくり出すことはできたはずである。それを阻んだのは、メンバーの個人商店化が生んだマネジャーへの無関心だった。

「SEはシステム開発を受注すると、お客様のオフィスに通って、打ち合わせやテストを繰り返します。そのため小林さんと会う機会は多くて1週間に1回、業務内容を報告するために出社するときだけでした。さらに小林グループではSEをひとりだけで派遣する案件が多く、メンバーの個人商店化を見逃していたのです」

　個人商店化を防ぐには、上司への報告、連絡、相談を徹底させなければならない。しかし、小林グループでは、この3つがほとんど行われていなかった。なぜならメンバーの半数はベテランで、若手のようにマネジャーの指示やアドバイスを必要としなかったからだ。
　彼らはトラブルが発生しても、自分ひとりで対応することができた。解決してからの報告は、発生直後にする相談のようにアドバイスをもらえるわけでもなく、むしろ強制されることがわずらわしいと感じていた。1週間に1回の出社は2週間に1回となり、1カ月に1回と、その回数は減っていった。なかには数カ月間にわたって現場に行ったきりのメンバーもいたという。このような状況のなかで、だれも小林さんの忙しさに気づかなかった。

職責への誤解が狂わせた
グループマネジャーの判断

　09年の下期になっても、小林グループは売上の減少が止まらなか

った。それでも刀禰さんは、自分が建て直しに動くことはなかった。

「当時のＣＲＭグループは、ＥＲＰソリューション事業部のなかで最も規模が大きく、派遣社員も含めると100人以上のメンバーが働いていました。もしもグループマネジャーである自分がひとつの問題に深く関わってしまえば、全体のマネジメントがおろそかになってしまうと考えたのです」

　そのうえグループマネジャーの刀禰さんには、高い売上目標も与えられていた。10年2月に発表されたＮＥＣ本社の中期経営計画には、ＮＥＣソフトが事業領域としているＩＴサービス、ネットワークシステム、社会インフラの3事業を中核事業と定め、12年度までの3年間で、売上を毎年7〜8％上昇させるという目標が掲げられていた。この中期経営計画を受けて、経営陣から業績アップを求められた刀禰さんは、提案活動にそれまで以上に時間を割くことになった。その結果、現場で起こっている問題は、マネジャーに任せきりになってしまった。
　刀禰さんが私たちインパクト・コンサルティングのセミナーに参加したのは、まさにこの時期だった。

イン・メソとの出合いが教えた
「自人称行動」

　09年12月、刀禰さんは市川事業部長の命を受けて、私たちが主催する、実践展開セミナーに参加した。刀禰さんはこのとき、インパクト・メソッドの「3つの革新」に関心を持った。
　インパクト・メソッドでは、開発スケジュールの遅れや品質の低下

が起こり、開発担当者が疲弊していく職場の特徴として、「コミュニケーション不全」「個人商店化」「あいまいなスタート」の3つの慣習が見られると考える。そして、この慣習を改めるには、「コミュニケーション」「チームワーク」「問題・課題解決」という視点から組織のマネジメントを革新する必要があると提唱している。

　刀禰さんは、特に「コミュニケーション不全」と「個人商店化」が、まさに小林グループの現状であると考えた。

「報告書を提出するなどというのは、組織の一員なら当たり前の行動です。しかし、そんなことさえできないメンバーがいました。お客様の職場に行ったきりで上司には何も報告しない、でも仕事はこなしているのだから問題はないだろうと、自分の都合のいいように職場のルールをねじ曲げていたのです。一方の小林さんはといえば、注意しても聞いてもらえないからとあきらめて、メンバーに与えるべき仕事まで自分で抱え込んでいました。こうした職場の風土は変えなければいけないと思っていたところへ、セミナーで活動の内容を説明され、これしかないと思いました」

　4月から10年度がスタートし、インパクト・メソッドの導入をめぐって、市川事業部長が関係部署との調整に苦闘しているという話も聞こえていた。しかし、刀禰さんは1日も早く始めたいと考えていた。

　やがて市川事業部長から、導入が決定したとの連絡を受けた。刀禰さんはCRMグループの代表として、小林グループを推薦した。

　活動は、6カ月のスケジュールで実施された。

6月10日、マネジャー研修が実施され、はじめに倉益がインパクト・メソッドの基本的な考え方を講義した。
「トップが変われば組織は変わる」という倉益の説明を、小林さんは真剣な表情で聞いていた。刀禰さんは、イン・メソ活動によって小林さんの意識が変わり、強いリーダーシップのもとにメンバーをまとめてくれるだろうと考えていた。
　マネジャー研修を受けながらも、刀禰さんはまだ小林グループの危機を他人事のように見ていた。しかし、まず変わらなければならなかったのは、小林さんでもなく、メンバーでもない。それは刀禰さん自身だった。

　インパクト・メソッドでは、「トップが変われば組織は変わる」と繰り返し説明する。当たり前のように続けてきた考え方や慣習を変えるには、精神的な苦痛がともなう。そのため、支援する私たちは、参加者から反発を受けることもある。そのときに活動を支えるのは、革新をやりとげるというトップの強い決意である。
　小林グループのトップはマネジャーの小林さんだが、小林グループが所属するＣＲＭグループのトップは、グループマネジャーの刀禰さんである。刀禰さん自身がそのことに気づかなければ、活動の成功はありえない。私たちは、刀禰さんの気づきを促した。

　マネジャー研修に続いて、全メンバーが参加してチームの問題点を共有する立ち上げ研修が行われた。はじめにメンバーが職場状況やコミュニケーションに対する問題意識や不平不満を付箋紙に書き出す吐き出しを行い、さらにこの吐き出しをもとに現在のチーム状況を１枚の絵に描き表す。私たちはこれをマネジメントスタイル図と呼び、チ

ーム全員が互いの問題意識を共有する重要なツールと位置づけている。

　小林グループのメンバーが描いたマネジメントスタイル図を見て、刀禰さんは衝撃を受けた。絵の舞台は海で、中央の「課長諸島」を囲むように「仕事探島（さがしま）」「行きっぱな島（しま）」「炎上島」「放置島」と名づけられた島が浮かんでおり、島の名前はそれぞれの派遣先に散っているメンバーの状態を表していた。
　「課長諸島」では、3つの小島の間を小船が行ったり来たりしていた。これは小林さんが複数の業務をひとりで抱えている状況が表現されていた。「炎上島」はトラブルを火事に見立てていた。「放置島」では、メンバーがひとりで途方にくれていた。「仕事探島」のメンバーは売上増を目指して新規のお客様を開拓しているのだが、その方法は受け身で、海に釣り糸をたらして魚がかかるのをひたすら待っているだけだった。「行きっぱな島」では、お客様のオフィスで自由気ままに仕事をしている様子を、木登りを楽しむ姿にたとえていた。それぞれの島と課長諸島は電線で結ばれているが、島と島の間は断線していて、メンバーどうしのコミュニケーションが取れていない様子が描かれていた。
　そして右上の「本土」と書かれた陸地には、刀禰さんらしき人物がいた。彼には心配そうな表情も助けに行こうとする様子もなく、それぞれの島で起こるトラブルをぼんやりと眺めているだけだった。

　自分が小林グループのメンバーから、現場に対して何も指示しない上司と思われているだろうということは、刀禰さんも覚悟していた。しかし、それはCRMグループ全体をマネジメントするためには仕方

図表2-3 小林グループのマネジメントスタイル図

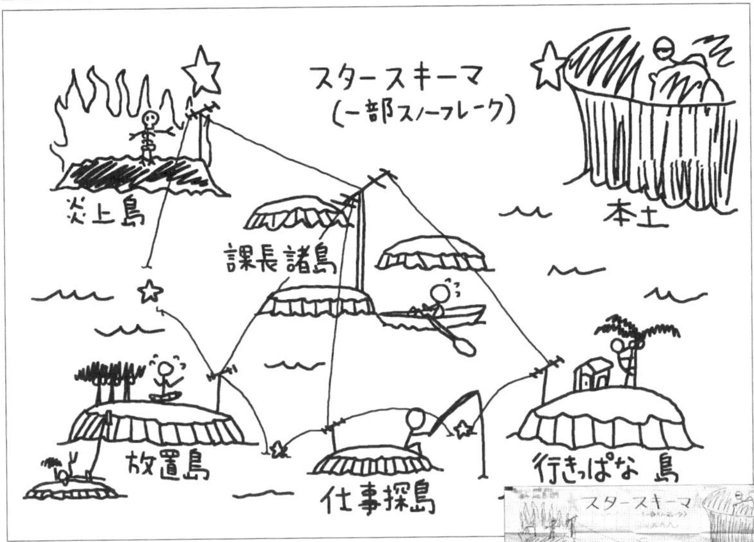

小林さんが多くの業務を抱えている状況が端的に描かれている。点在する島を忙しく移動しながらボートを漕いでいる人が小林さんだが、本土にいる人（刀禰さん）は様子を見るだけで手助けするそぶりはない。

がないことだと理解されているものと信じていた。

　ところが絵に描かれた自分の姿は、とても好意的な目で見られているとは思えないものだった。刀禰さんは小林グループが抱えている個人商店化の原因が、自分自身にあることに気づいた。

「自分では仕方がないと思っていたのですが、マネジメントスタイル図を見て、それはただ現場から逃げているだけだったことに気づいたのです。私自身が本気で取り組まなければならないと思いました」

私たちは組織の問題に向き合おうとしないマネジャーに、まずは問題が発生している現場の状況を把握し、それをもとに自分はどう動くかを考えましょうと提案する。そして「私が指揮をとり、会議の方法を変える」などの形で周囲に宣言することを勧める。これをインパクト・メソッドでは「**自人称行動**❼」と呼ぶが、この自人称行動をマネジャーが実践しなければ、マネジメントの革新は実現できない。最悪のパターンは、「だれかが解決してくれるだろう」という、他人任せのマネジメントであり、まさに刀禰さんの姿だった。

　刀禰さんは自分の意識を変革し、先頭に立って小林グループのマネジメントスタイルを変えていこうと決意した。この日から、刀禰さんの自分との格闘が始まった。

**グループマネジャーの格闘が
メンバーの意識を変えた**

　立ち上げ研修に続いて行われた見える化研修では、小林グループが抱えている問題とインパクト・メソッドの終了時に達成したい目標（成果）を模造紙に書き出して整理した。その結果、次のような問題と成果を共有した。

＜問題＞
① メンバーが個人商店化している
② 小林マネジャーの負荷が高い
＜成果＞
① 下期売上目標の達成
② コミュニケーションの緊密化とチームワークの強化

研修が終了したあと、刀禰さんは小林グループのメンバー14人に向かって、つぎのように宣言した。

「来週から月曜日の朝は、メンバー全員が集まって段取りコミュニケーションのためのミーティングを開く。もちろん、私も出席する。必ず全員出席すること。例外は認めない」

　これが、刀禰さんが実践した最初の自人称行動だった。
　このミーティングは「朝の段取りコミュニケーション」を縮めて「朝段コミ」と呼ばれるようになった。
　段取りコミュニケーションとは、仕事を進める順序や手順を決め、その準備に活かすコミュニケーションのことである。段取りコミュニケーションは意見を自由に述べ合って議論を進めるため、出席者の間に緊密なコミュニケーションを築くことができる。
　さらに刀禰さんは、朝段コミを始めることで3つの変化を狙っていた。
　ひとつ目は、メンバーはマネジャーの指示に従わなければならないという最低限のルールを日常業務のなかで意識づけること。ふたつ目は、個人商店化を解消して、メンバーどうしがグループの一員としての一体感を持つこと。そのために、まず全員が集まる時間と場所が必要だった。そして3つ目は、小林さんの負荷を減らして、売上回復策を考える時間を与えること。そのカギは、部下の勤務状態を把握するために小林さんがとった行動にあった。
　小林さんは、出社も報告書の提出もしないメンバーの勤務状態やプロジェクトの進捗状況を十分に把握していた。刀禰さんは不思議だっ

たが、その理由までは尋ねなかった。

　しかし、コミュニケーション不全の解消には細かい事情まで把握しなければいけないと考えて、あらためて理由を聞くと、小林さんはメールや電話で何度も注意をしたが効果はなく、困った末に、可能な限り常駐先のオフィスをまわってメンバーと面会し、直接報告を受けているというのだ。

　ＮＥＣソフトはＮＥＣのソフトウェアグループ7社が97年から01年にかけて合併してできた会社で、活動エリアは関東甲信越地方をカバーしている。可能な限りとはいえ、この常駐先めぐりが小林さんの負荷を高めていることは明らかで、刀禰さんは小林さんのもとにメンバーを来させなければならないと考えた。

　ミーティングの場所は「イン・メソルーム」と名づけた。20人も入ればいっぱいとなる小さな会議室だが、活動専用スペースをつくることで、メンバーの参加意欲を高めることを狙った。

　そして初めての月曜日を迎えた。刀禰さんがイン・メソルームに入ると、数人の姿が見られなかった。欠席者が出ることは、刀禰さんも覚悟していた。立ち上げ研修のときに、一部のメンバーが活動方針に納得していない様子を感じとっていたからだった。私たちに対して、やや反抗的な態度で接しているのも見ていた。

　2回目以降も全員が揃うことはなかった。刀禰さんは欠席者を社内で見かけると、声をかけて次回以降の出席を約束させた。しかしそれはその場しのぎの口約束で、彼らは当然のように欠席を続けた。

　刀禰さんの格闘は、市川事業部長の耳にも聞こえていた。市川事業部長は、刀禰さんの苦労を思いやるとともに、刀禰さん自身がまだ、

本気でメンバーと向き合っていないのではないかと考えた。

「チームが抱える問題にマネジャーが真剣に向き合わなければ、メンバーの意識を変えることはできません。彼はとても器用なタイプで、仕事の面でも表面を取り繕って成果を出すという一面がありました。マネジメントスタイル図を見て、自分がより深く小林グループに関わらなければならないと考えたはずでしたが、無意識のうちに問題から逃げようとしていたのかもしれません。意識の変革にまで至っていなかったのです。ここで彼を変えなければ、小林グループの革新は失敗に終わると考えました。彼と私の格闘のなかで、ここがポイントだったのです」

市川事業部長は刀禰さんのもとを訪れ、現在の状況について尋ねた。そして説明を聞き終えると、次のように問いかけた。

「出席を促すだけではなく、その理由を取り除くための手を打ってみてはどうだろう。グループマネジャーの君が腹を括って問題に向き合えば、メンバーの行動も変わるはずだ」

刀禰さんは自席に戻ると、欠席者１人ひとりの携帯電話を鳴らし、段取りコミュニケーションに参加しない理由を問いただし、パートナー社員に業務を代行させるなどの対策を指示した。絶対に譲れないという刀禰さんの決意は、メンバーの意識にも変化を促し、ほぼ全員が次回以降の出席を確約した。しかし、あるベテランのメンバーだけは「常駐先の担当者から、月曜日の朝は必ず来てほしいと言われている」と譲らなかった。

刀禰さんは、ここで自分が折れてはいけないと考えた。彼の言い分を認めてしまうと、他のメンバーも同じ理由で欠席することが予想される。そうなれば、今後の活動はすべて形だけのものになり、最悪の場合、活動がストップしかねない。そのような事態を避けるためには、刀禰さん自身が強い意志を持って、メンバーの甘い考えを正さなければならなかった。
　ひとりの例外もつくってはならない。刀禰さんはそのメンバーとの会話を終えるとすぐに手を打った。

「彼の案件を担当しているＮＥＣ本社のプロジェクトマネジャーが知り合いだったので、電話をかけて本当に月曜日は常駐先に行かなければならないのか、と確認しました。すると、『どうしてもということなら、かまいませんよ』という返事が返ってきたのです。さっそく本人を呼び出して確認の内容を告げると、『本社にまで電話をしたのか』と驚いていました。そこであきらめたようです」

　そのメンバーは、次の月曜日から必ず朝段コミに出席するようになった。刀禰さんはふたつ目の自人称行動（部下との格闘）によって、職場の悪しき慣習を変えるという決意をメンバーに示した。市川事業部長は、刀禰さんのマネジメントに対する意識が本当に変わったことを確信した。

業務の見える化で
「ご利益(りやく)」を形にする

　初めて全員がそろった朝段コミで、刀禰さんはメンバー１人ひとりが抱えている業務の見える化を実施した。どのような規模のプロジェ

クトを何件担当しているのか、スケジュールに遅れはないか、提案活動は何件担当しているか、全社規模で行われている改善活動ではどのようなテーマに取り組んでいるのかといった、すべての問題点を模造紙に書いて共有した。

　共通の問題が見つかれば、知恵を出し合って、効率よく解決することができる。インパクト・メソッドではこれを合知合力と呼び、チームワーク革新を目指す仕事のやり方と位置づけている。

　さらに刀禰さんは、メンバーが抱えているすべての作業を、1日単位で見える化した。1週間に予定している作業の内容と、完了までに予想される時間を書き出し、合計が定時に収まらない分の作業は他のメンバーに割り振った。
　あるメンバーの負担を減らすということは、他のメンバーの負担が増えることになる。活動が始まったばかりの段階では、私たちがご利益と呼ぶ活動の成果が実感できていないため、負担増という面が目立ち反発を生むことがある。
　そこで私たちは、模造紙を使った見える化を重視している。その理由は、量の違いを文字の数によって直感的に捉えると、他のメンバーが抱える負荷の深刻さを実感できるようになるからである。
　小林グループにもその効果は現れて、メンバーは進んで業務を引き受けた。はじめの頃はだれの手も挙がらず、刀禰さんが指名することもあった。しかし、段取りコミュニケーションを続けていくうちに、「困ったときは助けてもらえるのだから、だれかが困っているときには自分がフォローしよう」という意識が浸透していき、互いに調整できるようになった。

負荷が減ったメンバーは、インパクト・メソッドのご利益を感じ始めていた。しかし、すべてのメンバーがご利益を享受しているわけではなく、この段階でも活動の必要性を疑うメンバーはいた。
　段取りコミュニケーションで過去の失敗を例に他人の意見を否定するメンバーがいた。刀禰さんは「できないとばかり言わないで、まずはできることを考えてみろよ」と激しい口調で諭した。

「本音を言えば、部下を叱るのは苦手です。しかし、活動に批判的なメンバーはベテランが多く、年下の小林さんが注意をしても、聞く耳を持ちません。それなら私が言わなければと、とにかく必死でした」

　刀禰さんはインパクト・メソッドを信じて、その必要性を繰り返し訴えた。そして私たちは刀禰さんを励まし、マネジャーが自分の信念を訴え続けることの重要さを伝え続けた。

マネジャーの仕事バラシが
提案活動を「知力団体戦」に変えた

　小林グループは個人商店化が解消され、組織としての一体感が生まれ始めていた。ここで刀禰さんは、今メンバーが小林さんの負荷量に気づけば、自ら解決に動くのではないかと考えた。私たちは刀禰さんに、小林さんの「**仕事バラシ**❼」を提案した。
　仕事バラシとは、その人が抱えている業務の量と質を見える化する作業である。
　まず、すべての業務の難易度と重要度を１件ずつ付箋紙に書き出す。重要度とは、その人でなければできないという業務は高く、他の

メンバーに割り振ることができれば低くなる。小林さんの業務にたとえると、マネジャー以上の管理職が出席する会議は5段階で最重要度のAだが、リーダークラスのミーティングに代理で参加するというものであれば、DやEとなる。このとき付箋紙の色を変えると違いがわかりやすい。

　分類が終わると、すべての付箋紙（業務）を重要度ごとに仕分けして模造紙に貼っていく。そして、すべての付箋紙を貼り終えれば、担当しなくてもよい業務の量が見える化される。

　模造紙には、マネジャー会議や大型プロジェクトのマネジメントといった重要度の高い業務に加え、低ランクを示す付箋紙が大量に貼られていた。メンバークラスの社員が参加する改善活動やリーダークラスが担当する規模の提案活動などで、なかにはメンバーの業務に関する稟議書の作成といった、軽微な業務も含まれていた。

　刀禰さんと私たちが期待したとおり、メンバーは小林さんが高い負荷を抱えていた原因に気づき、分担を申し出た。

　業務の見える化によって生まれたメンバーどうしの"横"の一体感が、マネジャーの仕事バラシによって"縦"への広がりを見せた。私たちは、小林グループは「合知合力」で仕事に取り組む準備が整ったと考えた。

　刀禰さんが次に着手したのは、提案案件の見える化だった。小林さんの仕事バラシを進めていくうちに、刀禰さんは小林さんが抱えている提案案件の多さが気になっていた。ＳＥは皆、それぞれの常駐先で提案活動を行っており、引き受けることができるはずだった。その場で振り分けを見直すことも考えたが、刀禰さんはあらためてチーム全体の提案力を強化しようと考えた。

見える化は次のような手順で行われた。メンバーごとに管理している提案案件について、社名と受注金額を付箋紙に書き出した。次に、受注できる可能性に基づいて、5段階に分類した。100％受注が見込めるものは「確定」、90％は「A」、75％は「B」、50％は「C」、見込みなしは「D」と分類し、模造紙に貼りつけた。受注金額は仕事バラシで書き出した重要度に、可能性は難易度にそれぞれ相当する。

そして、それぞれの案件についてメンバーの能力に合わせて割り振った。可能性が低く、若いメンバーでは受注が困難と思われるものが多かったが、可能性が高く受注金額の低い案件は若いメンバーに割り振ることができた。さらに可能性の低い案件は、朝段コミで対策を検討することにした。メンバー全員で知恵を出し合う「**知力団体戦❼**」で取り組むことで、若いメンバーにも困難な案件を担当できる仕組みをつくったのである。これで小林さんの手元には、分担可能な業務はすべてなくなった。

提案活動をメンバー全員で分担したことによって、インパクト・メソッドの成果が初めて数字に現れた。これまでは多忙な小林さんが案件を抱えこんでいたために提案件数は横ばい状態が続き、売上回復を阻む原因のひとつになっていた。しかし、13人のメンバーと分担したことにより、ひとりだけだった人的リソースが14人に増えた。その結果、提案数は増加した。

段取りコミュニケーションという「型」が「心」を変えた

朝段コミのテーマに提案活動の検討が加わった。議論は受注できなかった案件の振り返りにまでおよび、提案活動にＰＤＣＡのサイクル

図表2-4 小林グループの提案案件の見える化

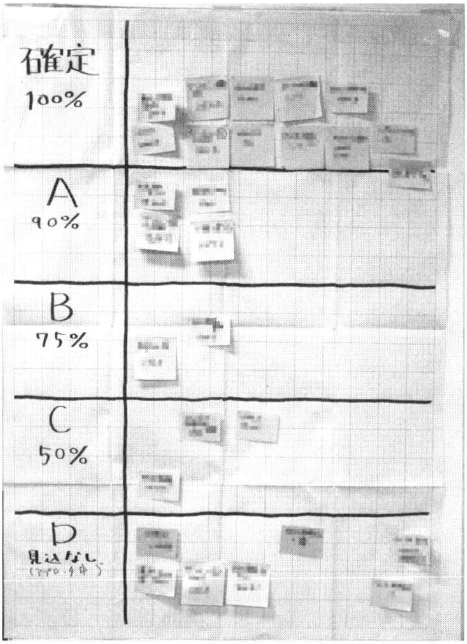

模造紙と付箋紙を使った提案案件の「見える化」をしたことで、各メンバーが抱える仕事が可視化され、メンバー間のコミュニケーションが活発化した。小林さんの負荷軽減だけでなく、若手がより高度な案件に挑むことができるようになるなど、チーム力アップにも大きく寄与した。

が生まれた。システム構築以外の業務に無関心だったメンバーは、売上というビジネス成果に関心を持ち始めていた。

　ＳＥは自分たちの売上にまったくの無関心ではなかった。当時のＮＥＣソフトでは、扱うことができるプロジェクトの受注額がＳＥの職務要件に組み込まれており、「自分もそろそろ○億円のプロジェクトを担当しなければならないな」と考えることはあった。しかし、そのために自分から提案して契約をまとめるという意識はなかった。

　さらにＳＥはお客様の職場に常駐するため会社に対する帰属意識が低く、業績面でグループに貢献したいと考えることはなかった。そして、このようなベテランメンバーの間違った価値観が組織風土とな

り、売上の拡大を阻んでいた。しかし刀禰さんは彼らの関心を売上に向けることは、難しいことではないと考えていた。

「システムやソフトウェアを開発するためには、お客様から要望を聞き、必要なシステムの機能をわかりやすく説明します。それはまさに営業スキルそのものであると言えるでしょう」

　小林グループのメンバーは、段取りコミュニケーションへの参加意欲が高まっていた。そこで私たちは、段取りコミュニケーションの回数を増やせば、ビジネス成果への関心がさらに高まるのではないかと考えた。
　刀禰さんはまず、提案活動の検討を朝段コミから切り離し、「提案段コミ」という専門のミーティングを設けた。
　通常の朝段コミとは別の時間を確保することで議論はより深まり、多くの改善策が提案されるようになった。拘束時間が増えることへの反発も予想されたが、負荷は調整しているために不満はなく、皆、積極的に議論に加わった。
　同時に現在進行中のプロジェクトについて「プロジェクト段コミ」として独立させた。段取りコミュニケーションという変革のための「型」がメンバーの日常業務に浸透し、変革を求める「心」を育んだのである。

ビジネス成果が「日常マネジメント岩盤」を固めて
新たな成果を生み出した

　刀禰さんは一気にビジネス成果を取りに行こうと考え、段取りコミュニケーションの手法で新たなソリューションやサービスを提供する

ための「特別プロジェクト」を立ち上げた。名称から「段コミ」を外したのは私たちの提案で、ビジネスを立ち上げて成果を取りに行くという新しいフェーズに入ったことを、メンバーに意識してほしいという狙いがあった。

メンバーは3〜4名のグループに分かれて、デスクに広げた模造紙にアイデアを自由に書き出した。そのなかから、ビジネスに発展しそうなものをピックアップし、ワイガヤ方式による自由な議論で意見を述べて膨らませていった。

最初の成果は、低価格のシステム開発サービスだった。

「あるメンバーが常駐先で『1000万円を超えると稟議が通りにくい』という話を聞いてきました。すると、だったら999万円で導入できるシステムを提案すれば、反応があるのではないかという話になり、あっという間に商品化まで進みました」

サービスは「999万パック」と名づけられ、提案活動が始まった。自分たちが企画した事業に対するメンバーの関心は高く、999万パックのための提案段コミが、毎日のように行われた。実際にアイデアが事業化されたことによって、特別プロジェクトのアイデア出しは、今まで以上に活発になった。

インパクト・メソッドの活動は、段取りコミュニケーションと見える化によって、チーム内の信頼関係を築く「日常マネジメント岩盤」、問題と課題を解決し、プロジェクトの成功を目指す「**プロジェクト岩盤❷**」、新しいビジネスを立ち上げ、成果をとりにいく「**ビジネス岩盤❸**」という成長フェーズで進んでいく。

しかし、小林グループの活動は、「日常マネジメント岩盤」の途中で「プロジェクト岩盤」「ビジネス岩盤」の3つの岩盤形成を同時に進行させ、みごとに成功した。その結果、メンバーは999万パックの発売を活動のご利益ととらえ、日常マネジメント岩盤への意欲をさらに高めたのである。

　アイデアが実際に商品化されたことでビジネス成果への関心は高まり、既存契約の延長も含めて、すべての提案の受注率が向上した。目に見えるご利益が増え、それがさらに新しいご利益を生むという好循環が根づき始めていた。

　そして活動終了1カ月前の10年12月、特別プロジェクトから、小林グループ最大のビジネス成果が生まれた。企業向けの帳票作成サービスが、年商3億円のヒット商品となったのである。

　「企業では請求書や明細票といった帳票を使用していますが、新しいものをつくるとなると、どのような記入項目がいくつあって、ということから細かく決めなければならず、手間がかかるのです。こうした意見をお客様から聞いて、帳票の設計から支援するサービスは売れると考えました」

　帳票作成ツールを販売するＮＥＣ本社の事業部も巻き込み、合同で販売を始めたところ受注が相次いだ。現在ではサービスそのものの売上に加え、システムの保守だけで年商4000万円というビジネスに成長した。

小林グループを含む第1陣のイン・メソ活動は11年1月に飛越式を迎えた。式には市川事業部長も出席し、楽しそうに活動を振り返るメンバーを見て、インパクト・メソッドの成功を実感したという。そして小林グループの売上は10年度の下期に増加に転じ、13年度の下期には、過去最高の売上を記録した。

Case 2-3

メンバーとともに
チーム力アップ！

**上流工程に通じたメンバーの不足が
売上増を阻んでいた**

　ＥＲＰソリューション事業部のイン・メソ活動は、第１陣に続いて11年５月に第２陣の活動が終了し、６月から第３陣の活動が始まった。

　私たちは第３陣のなかで、ＣＲＭグループから参加したコンタクトセンタグループに注目した。マネジャーの坂本浩一さん*は、インパクト・メソッドのツールを自分でカスタマイズして活動を進め、仕事のやり方を革新すると同時に人材育成も成し遂げた。その積極的な取り組み姿勢から、社内では「イン・メソ番長」と呼ばれている。

　坂本グループは、企業のコンタクトセンタ（コールセンター）業務に使われる顧客情報管理ソフトを開発している。当時、坂本さんの下にはリーダー４人を含む８人のメンバーがいたが、「要件定義」を担当できる人材が不足して売上増が達成できない、という問題を抱えていた。

　要件定義とは、ユーザの目的に合わせてシステムの機能を決定する業務で、開発プロセスのなかで上流工程に含まれる。

*15年３月時点の肩書は、エンタープライズ第一事業本部ＥＲＰソリューション事業部ＣＲＭサービスグループ　マネージャー

「イン・メソ番長」と呼ばれる坂本さん。入社以来最大のショックを受けながらも格闘を続け、さまざまな見える化ツールを編み出し、チームを成長に導いていく。

　ＳＥは、お客様が求める機能を的確につかみ、ときにはお客様自身がまだ気づいていないニーズを掘り起こして、システム設計に反映させていく。コンタクトセンタの業務全般に関する深い知識と経験が求められる要件定義は、経験が少ない若手には難しく、坂本グループでは４人のベテランに仕事が集中していた。そのため、同時期に複数の要件定義が重なれば、後工程に影響が出てスケジュールの遅延が起こることもあった。つまり、要件定義がネックとなって、受注するプロジェクトの数を増やせなかったのである。そのため、売上目標の達成が危ぶまれる期には、坂本さんがひとりで何件もの要件定義を抱えて受注件数を増やすことを繰り返していた。

　坂本さんは、自分の負担を増やすことで売上の伸び悩みを何とか解決しようと考えていた。また、いつか若手メンバーが成長し、要件定義を任せられるようになれば、問題は自然に解決できるだろうという期待もあった。しかし、その「いつか」がどれくらい先の話かという点についてはまるで展望がなかった。若手の成長が遅いと感じながらも、つねにメンバーの報告を受けて必要な指示を与える。経験を積むことで、そのうち一人前に育ってくれると考えていた。坂本さんは、

図表2-5 ERPソリューション事業部CRMグループの組織図（2011年当時）

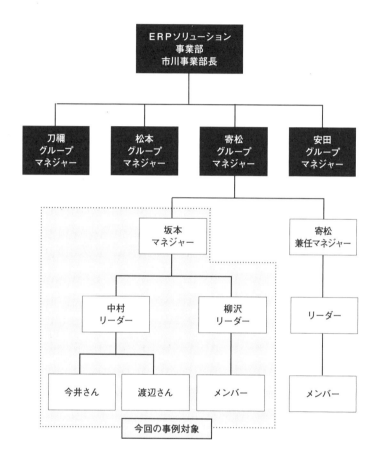

自分のマネジメントはうまくいっていると信じていた。

　坂本グループの人材育成が進んでいないことは、市川事業部長にとって心配ごとのひとつだった。坂本グループには市川事業部長自身が面接を行った中途採用のメンバー、今井豊さんがいた。今井さんは高い技術力を持っていたが、入社後は自分の技術を積極的にアピールすることができず、期待したとおりの成果を出せていなかった。市川事業部長は彼の現状にもどかしさを感じ、イン・メソの活動をきっかけとして、坂本さんがメンバーの育成に取り組むことを期待した。

　イン・メソ活動は、グループマネジャーとマネジャーが参加するマネジャー研修から始まる。坂本さんは私たちが「マネジャーが変われば組織が変わる」と説明するのを聞いたが、自分には関係ないと受け止めていたという。

「社内の発表会で『しっかりとマネジメントできている人は？』と問いかけると、皆、自信を持って手を挙げます。その自信は本当に正しいのかといえば、現場の現実を知った気になっているだけなのです。イン・メソ以前の私もそうでした」

　続く立ち上げ研修で、坂本さんは上司のグループマネジャーとふたりでマネジメントスタイル図（図表2 − 6）を描いた。大きなカモと中くらいのカモの後ろをコガモがつきしたがっている。大きなカモがグループマネジャーで、中くらいのカモが坂本さん。コガモはメンバーで、マネジャーからの細かい指示で動いているため、成長が遅く、なかなか独り立ちできない様子を表していた。

図表2-6 坂本マネジャーのマネジメントスタイル図「カルガモ型マネジメント」

坂本さんは、自分に頼りすぎるメンバーの状態を『カルガモ型マネジメント』と表現したが、メンバーが描いたコミュニケーション状態図（159ページ）をあわせて見ると、坂本さんとメンバー間で大きな認識の違いがあることが浮き彫りになった。

　坂本さんは、メンバーが自分に頼り過ぎて成長が遅いという"現実"をチームの問題と捉えていた。ところが逆に、メンバーから思ってもみなかった、本当の"現実"を知らされることになった。それが「見ザル聞かザル言う」（図表2-7）と名づけられたコミュニケーション状態図である。

　黒いメガネをかけたメンバーが、競技用のボートを漕いでいる。黒いメガネは周囲の様子が見えていないことをたとえている。船の底に

図表2-7 メンバーが描いたコミュニケーション状態図「見ザル聞かザル言う」

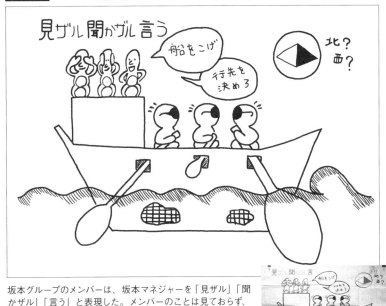

坂本グループのメンバーは、坂本マネジャーを「見ザル」「聞かザル」「言う」と表現した。メンバーのことは見ておらず、意見も聞かないのに一方的に命令してくるというメンバーの印象をうまく表現したコミュニケーション状態図だ。

は大きな穴があいているが、だれも気づいていない。進路を示す羅針盤はどの方向を指しているかわからない。

　船上に立つ3人は、ひとりが目を押さえている"見ザル"、ふたり目が耳を押さえている"聞かザル"、そして3人目がメンバーに向かって「行先を決めろ」「舟を漕げ」と叫んでいる。これは3人で坂本さんひとりのマネジメントスタイルを描いていた。

「90年に入社して以来、最大のショックを受けました。自分は管理ができている、メンバーをきちんと指導できていると思っていましたが、メンバーから見れば、一方的に、しかも一律に命令されているだ

けでした。1人ひとりの性格や能力の違いまでは見ていなかったのです」

　コミュニケーション状態図は見れば見るほど、チームの問題が浮き彫りにされていた。船に穴があいているのは、作業手順に大きな誤りがあるのにそのまま放置している状態を、また羅針盤が「北？」「西？」と迷っているのは、チームが向かう方向性が共有されていない様子を描いていた。
　マネジメントスタイル図やコミュニケーション状態図が自分に否定的な内容の場合、反発するマネジャーもいる。しかし、坂本さんは違っていた。

「反発からは何も生まれません。『見ザル』と言われたら、『なぜ、そう言われたのだろうか。自分は現場に行っていたか。なぜ、行かなかったのか』と掘り下げていくと、変えなければならない本質が見えてきます」

　坂本さんは絵の根拠を探り、部下を変えるのではなく、まず自分から変わろうと決めた。

**ツールのカスタマイズで
プロジェクトの見える化を成功させる**

　インパクト・メソッドを進めるなかで、坂本さんは3つのテーマと格闘した。

①メンバーの脳みそをよく"診"て、一緒に能力アップを図る。（自

分と部下との格闘）
②課題の先取りを習慣づけるために必要な"脳みその耐久力"をつける。（部下との格闘）
③自分の考えや価値観を押しつけていたことに気づき、自分を変え、メンバーの考えや価値観をよく聞いてお互いの新しい価値観をつくる。（自分との格闘）

　①の"診る"という字には、ただ眺めるだけの「見る」や観察するだけの「観る」ではなく、現実を見極め、成長へ導くという坂本さんの思いが込められている。
　コミュニケーション状態を「見ザル聞かザル」から「見ル聞ク」に変えていくためには、まずメンバーが現在どのような仕事に取り組んでいて、どのような進捗状況になっているかを正確に把握する必要がある。今までは仕事は担当者が抱え込んでいた。そのため、だれかが仕事のやり方についての改善策を思いついても、自分のやり方を改善するだけで終わり、能力の格差を生んでいた。小林グループでも問題となっていた「個人商店化」であり、私たちが解消を訴える職場にはびこる３つの慣習のひとつだった。

　坂本さんは、仕事のやり方を改善するＰＤＣＡのサイクルを、「プロジェクト」「リスク」「リソース」という３つの見える化によって構築することにした。その狙いは次の３つにあった。

①半期ごとの業績といった目的の共有。
②個人のノウハウをチーム全体の資産に変える。
③新しい仕事のやり方を発見したときにはメンバーと共有し、メンバ

一間で連携を取って継続的にチーム全体で仕事のやり方を改善していく。

　最初に実施したのは、プロジェクトの見える化だった。坂本さんは自分とメンバーが座っている席の周りにホワイトボードを持ち込み、メンバーが抱えているプロジェクトについて、完成までに必要な工程を1つひとつ聞き出し、付箋紙に書いてホワイトボードに工程順に貼った。そして、改善の余地がないかをワイガヤ方式で検討した。
　議論を進めるなかで、見える化されたふたつの工程の間に、さらに必要な工程が見つかるということがあった。はじめのうちはすべての付箋紙をずらして貼り直していたが、何回も繰り返すのは面倒だった。そこで坂本さんは、デスクに模造紙を広げて工程を直接書き込むことにした。新しく見つけた工程は、漫画の吹き出しのように線を引き出して、空いているスペースに書き込んだ。

「ある工程から次の工程に移るときに、手を打たなければならないことや、調整しなければならない相手がいることに気づかないまま進んでしまうことがあります。それを探し出すのが見える化の目的ですから、工程を追加しやすい方法が必要だったのです。付箋紙の貼り直しを待っているうちに、忘れてしまったら困りますし、思いついたらすぐに書いたほうが印象に残り、思考が深くなります」

　坂本さんの狙いどおりに、模造紙にプロジェクトを書き出していくと、埋もれていた工程を見つけ出すことができた。
　そして、プロジェクトの遂行に必要な作業を3日ごとに分けて、だれが担当するかを決め、プロジェクトの品質とスケジュールの精度向

第2章 | NECソリューションイノベータ〜チームを革新へと導くマネジャーの闘い

図表2-8 プロジェクトの見える化　手戻り防止

**プロジェクトの見える化を行い、
とにかく書き出した**

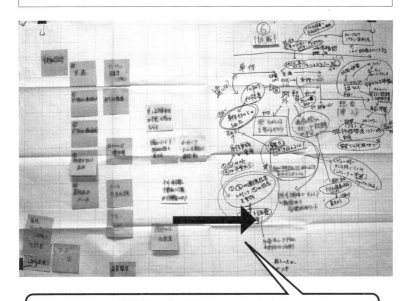

付箋紙を貼り付けるのではなく、
模造紙に直接書き込む方法のほうが向いていると考え、
自分たちに合うようにカスタマイズした

**成果　行間に埋もれたタスクを見つけ出すことができ、
プロジェクトの品質とスケジュール精度の向上！
その結果、手戻り作業が減少！**

付箋紙ではなく、模造紙に直接書き込むことで工程がより細かく見えるようになった。イン・メソ番長と呼ばれる坂本さんは、インパクト・メソッドで使われる「見える化」手法を業務でより効果的に使うため、独自にカスタマイズして活用している。

上を図った。その結果、手戻りの作業が減少した。

　しかし、メンバーは慣れてくると書かずに会話ですまそうとする傾向が見えた。それを見た坂本さんは「とにかく書こう」と言い続けた。坂本さんは、見える化のご利益を感じ始めていた。

「それまで、報告を耳で聞くだけでは、現場に埋もれている問題に気づきませんでした。ところが見える化を始めると、隠れていた問題が、まるで浮き出しているかのように目に飛び込んできます。それと同時に、各担当者がどれだけ脳みそを使って問題解決に当たっているかも見えるようになったのです」

　見える化によって、メンバーも真剣に段取りコミュニケーションに取り組まなければならなくなった。坂本さんは、見える化を繰り返すことが、自分の格闘テーマのひとつである「メンバーの脳みそをよく"診"て、一緒に能力アップを図る」ことにつながると確信できた。

リスクとリソースの見える化で
知力団体戦を可能にする

　見える化したプロジェクトの工程表をメンバーの目に届く場所に貼りだしておくと、メンバーのだれかが、まだ見えていないリスク（課題）に気づくことがある。気づいたリスクは付箋紙に記入し、未解決のリスクを掲示する「課題トレースボード」に貼る。
　リスクに対する解決策が思い浮かんだ人はそれを書き足していく。記入された内容に基づいて、解決作業にかかる時間を見積り、現在の負荷を考慮しながら、メンバーに振り分ける。このようにして坂本グループでは、突然発見されるリスクに対応するために、日常的にスケ

図表2-9 プロジェクトの見える化　気づきと対策

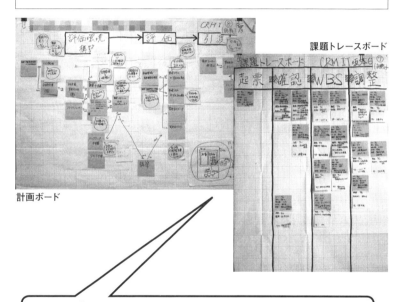

作戦立案とリスクの見える化を行った

計画ボード

課題トレースボード

「計画ボード」（左）では引き渡しまでの作戦を
メンバーの合知合力で立案。
「課題トレースボード」（右）でリスクの見える化を行った

成果 リスクを見つけるようになったことで、問題になる前に対策を考えるようになり、プロジェクト運営が改善された

作戦の立案、リスクの見える化により、問題と課題の洗い出しを実践。リスクの早期発見ができただけでなく、最終的な目標の達成をより強く意識することになり、すべての状況を想定しながら、課題の解決策を考え抜くことにつながった。

ジュールを調整するという習慣を身につけていった。

　早めにリスクを発見できれば、問題化する前に手を打つことができる。これがリスクの見える化である。その結果、メンバーはリスクの検証を可能な限り前工程で行う「**問題と課題の洗い出し❷**」で、プロジェクトを管理するようになった。
　問題と課題の洗い出しを実践するには、目標の達成に向けて、すべての状況を想定し課題の解決策を考え抜く「**脳みそフル回転❷**」を習慣づける必要がある。これを坂本さんは「脳みその耐久力をつける」と表現し、ふたつ目の格闘テーマに位置づけた。
　ただし、プロジェクトがスタートする時点ですべてのリスクを洗い出すのは難しい。自分が担当する工程に、続けて問題が発生すれば、だれでも見える化などムダだとあきらめてしまいそうになる。そのようなとき、坂本さんは「どうしても気づけないリスクもあるので100点は無理だ。でも今のスタートは40点くらいなのだから、次は60点からスタートできるように反省を活かして改善していこう」と声をかけた。

　突発的に、しかも日常的に、作業を割り振る。これを可能にするためには、マネジャーはメンバーが抱えている仕事の量と内容を正確につかんでいなければならない。それがリソースの見える化である。担当者が日付ごとに、作業の内容を書いた付箋紙を貼り、各自の1日の仕事量を一覧にした。たとえば、その日に2時間かかると見込まれる仕事が3つあれば、3つの付箋紙が並ぶ。そしてひとつの仕事が終わるたびに、模造紙に「終わりました」と書き込んでいった。

イン・メソ活動以前は、飛び込み仕事を個人が抱えてしまって、坂本さんが気づいたときには負荷が限界を超えていた、ということがあった。しかし、見える化が始まってからは、仕事の依頼が入ると同時に、メンバー全員が見ているなかで、お互いの作業量を確認しながら、担当者を決めるようになった。

　リソースの見える化とは、私たちが勧めている「仕事バラシ」である。仕事バラシは作業量の平準化を図るだけでなく、チームで仕事を進める体制をつくることができる。たとえば3つの仕事があるときに、坂本グループではこれまで3つの仕事を3人にひとつずつ割り振っていたが、リソースの見える化によって、3つの仕事を3人で担当する体制をとった。私たちはこれを、ひとりにひとつの仕事を任せるのではなく、チームで仕事に取り組む「知力団体戦」と呼んでいる。段取りコミュニケーションを通じてコミュニケーションの頻度が上がり、ノウハウの共有化が進むとともに突発的な事態への対応力も高まる。

　坂本グループは、仕事はチームで進めたほうがメリットが大きいことを実感していた。

「成果物を見る」とともに「人を診る」にマネジメントスタイルを転換

　坂本チームの活動は、9月から新しい段階に入った。坂本さんはここまでの経験をもとに、すべてのプロジェクト進行に応用できるPDCAサイクルのモデルをつくり、11月からふたつの改革で実践した。これは、坂本グループの活動自体がPDCAの第4段階である、Actionの段階に入ったことを意味している。

ひとつ目はグループの懸案となっていた、要件定義の改革だった。
　坂本さんはまず、段取りコミュニケーションでプロジェクトごとに担当をベテランと若手のペアにするなど、チーム編成をあらためた。また、複数の要件定義に見られる工程を探し、共通化した。
　さらに、要件定義書の書き方に手を加え、お客様との間で要件のイメージにブレが生じないようにした。具体的には「追加要件」「システム化範囲」「提案時との差分」がわかるように、要件そのものとともに、その要件が何のために必要なのかを書き添えることで、だれが見ても理解しやすい要件定義書とした。
　こうして標準化した要件定義フェーズをプロセスに沿って実行し、再び段取りコミュニケーションでチェックしたあと、課題を出して、それを解決するための対策を考えていくというＰＤＣＡのサイクルを回した。その結果、あらかじめリスク回避の作戦を考えられるようになった。また、結果をチームで共有し、さらによい作戦を立てられるようになった。これで若手のメンバーも要件定義を担当できるようになり、プロジェクトの受注数が向上した。

　市川事業部長は、マネジメント状況共有会での活動報告を聞き、坂本グループの人材育成はこのタイミングで始めるべきだと考えた。

「坂本さんはＰＤＣＡサイクルを使って、"能力が劣る若手メンバーでも要件定義を担当できる体制づくり"に成功しました。しかし、ここで終わってしまっては、人材不足という根本的な問題は解決されません。人材の問題を解決できるのは、システムではなく人材なのです。そのことに気づいてほしいと考えました」

坂本さんはふたつ目の改革として、「能力が劣る若手メンバーでも要件定義を担当できる体制づくり」から一歩進めて、「要件定義を担当できる能力を持つ若手メンバーの育成」に取り組むことを決意した。その育成対象は、市川事業部長が高い技術力を見抜いていた今井豊さんだった。
　育成計画は「今井を"豊"かにする計画」と名づけられ、ＰＤＣＡサイクルをベースに立案された。まずは段取りコミュニケーションで、今井さんが担当している要件のイメージを見える化し、求められる成果物とのギャップを修正した。さらに早い段階で主要部分をレビューし、ブレが生じないようにした。すると要件定義の内容についてのミスは減り、育成のポイントはプロジェクトの進め方や、お客様視点の有無に移った。
　イン・メソ活動によって生まれたＰＤＣＡサイクルは、今井さんを成長させた。彼はイン・メソ活動のポイントを正確に理解し、本来持っていた能力の高さを発揮できるようになった。段取りコミュニケーションで技術的な知見を進んで話すようになり、周囲も彼のリーダーシップを感じ始めた。市川さんは、事業部長としてインパクト・メソッドを導入し、メンバーを叱咤激励し続けた自分の格闘が正しかったと確信した。

　そして、坂本さん自身も、部下を指導するときの視点が「成果物を見る」とともに「人を診る」に変わったという。

「修正を指示するときには『ここをこう直して』と指摘していましたが、今は『なぜ、こういう書き方になったのか』『なぜ、これを書いたのか』と、ミスに至るまでのプロセスを確認することにしていま

す」

　成果物のみを評価するのではなく、成果物に至るまでの思考経路を聞き取り、それをもとに足りない知識や経験を補っていこうという育成法に変わったのである。
　日常業務においても、坂本さんのマネジメントスタイルは変わった。

「活動以前はだれに対しても一律でしたが、指示の出し方を、相手に応じて変えました。お客様ときちんと話せるメンバーなら『工数管理を忘れないで』程度の簡単な指示でよいのですが、確認もれが多いメンバーの場合は、打ち合わせの手順から、1つひとつ確認しながら教えていきます」

　人それぞれに応じた指示の出し方は、若手の理解度を高めるという成果を生んだ。
　市川事業部長は、イン・メソ活動に参加したマネジャーのなかで、最も成長したのが坂本さんだと振り返る。

「マネジメント状況共有会で毎回驚いていたのですが、彼は他のマネジャーより、一歩も二歩も先に変わっていきました。なぜそれほど早いスピードで変化することができたのか、不思議に思ったほどです。結果からいえば、活動前の彼は自分のなかに『これがマネジメントだ』といえるものがなかったのかもしれません。変化を阻む要因を持っていなかったのです。いわばまっさらな状態でイン・メソの型、つまり段取りコミュニケーションやPDCAなどのスキルを学び、それ

図表2-10 メンバーの育成

「成果物を見る」とともに「人を診る」をテーマに、体系化したプロセスにのせて実践した

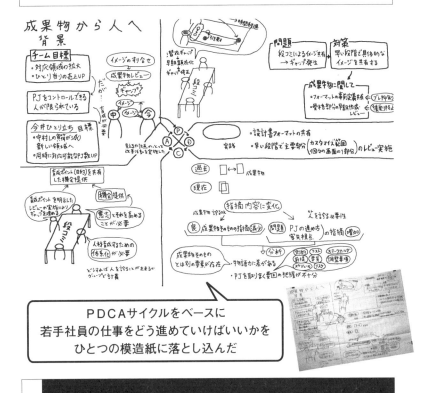

PDCAサイクルをベースに若手社員の仕事をどう進めていけばいいかをひとつの模造紙に落とし込んだ

成果 人材を育てるための作戦を考え、チームの成長をチームが考えるようになった

若手の育成という目的で始めたこの試みは、若手社員の能力アップだけでなく、坂本さんのマネジメント力の向上にもつながった。坂本さんが部下を指導するときの視点は「成果物を見る」とともに「人を診る」にシフトした。この変化で坂本さんのメンバーに対する接点が増え、メンバーがよりうまく仕事を回せるようになった。

がマネジャーとして自信につながったのだと思います。だからこそ、イン・メソ以前には避けていた人材育成にも取り組み、成功させることができたのでしょう」

　坂本さんは、「チームのメンバーが成長している」という実感を抱くとともに、3つ目の格闘テーマに掲げた「自分との格闘」に挑戦し続けていることに、自信を抱いていた。

Case 2-4

停滞した組織の活性化を図る！

「考える集団」への変革に
イン・メソ活動で挑む

　ＥＲＰソリューション事業部のイン・メソ活動は、第4陣の活動が終了した12年9月でひと区切りとなり、ビジネス成果を生み続けるためにマネジャーやメンバーが自主的にイン・メソ活動に取り組む「**自走期間**❼」に入った。イン・メソ活動の導入に力を注いだ市川事業部長は12年4月に執行役員に昇格し、後任を務める笹井薫さんが活動の指揮を引き継いでいた。

　第3陣が活動中の11年下期には、リーマン・ショック以降で最高の出荷高を記録した。しかし、私たちの支援が終了した12年以降は、横ばい状態が続いていた。

　14年1月、笹井さんはイン・メソ活動の再生を中心とする活性化でＥＲＰソリューション事業部の停滞を打開しようと、事業部内に「事業活性化グループ」を立ち上げた。

　しかしその3カ月後、4月の人事異動で、それまでエンタープライズ第一事業本部内の第一製造業ソリューション事業部で事業部長代理を務めてきた児玉健治さん＊が、ＥＲＰソリューション事業部長に就任した。

＊15年3月時点も、ＥＲＰソリューション事業部長

児玉さんは85年の入社以来、製造業向けの事業を展開する部署で一貫してＳＥの道を歩いてきたが、マネジメントへの関心も高く、09年にグループマネジャーに就任して以来、「ビジネスの課題を設定し、解決策を問い続ける"考える集団"を実現する」という視点でマネジメントに取り組んできた。

　児玉さんは13年の2月から7月に、第一製造業ソリューション事業部でイン・メソ活動に取り組んだ。それ以来、インパクト・メソッドには関心を持ち続けていたという。

「マネジャーが目標を示し、メンバーとともにチームの未来について計画を立てるというイン・メソの考え方と、私が座右の銘としている山本五十六の『やってみせ、言って聞かせて、させてみせ、ほめてやらねば、人は動かじ』という言葉の間に、共通の価値観が存在すると感じたのです」

　そして、目標の達成に向けて、すべての状況を想定し課題の解決策を考え抜く「脳みそフル回転」や「知力団体戦」といったインパクト・メソッドが説く仕事のやり方を実践できる組織ならば、今まで目指してきた「考える集団」を実現できるかもしれないという思いを抱いていた。

「イン・メソ活動とＥＲＰソリューション事業部の停滞とは、本来は関連づけて考えることではないかもしれません。しかし、イン・メソ番長と呼ばれる坂本さんのグループのように、イン・メソ活動にしっかり取り組んでいるチームは好売上が続いています。そして、事業部

児玉さんは事業部長に就任後、形骸化しつつあった段取りコミュニケーションのやり方を見直した。イン・メソ活動の再活性化で、組織力をアップさせることを目指した。

全体で見ると自走期間と売上の停滞期が一致しています。そこで笹井さんは、自走期間に活動がマンネリ化し、チームの停滞につながったという仮説を立てました。そして私と同じように他部署からの異動によって事業部長の職に就き、活性化のために格闘していたのです」

　笹井さんから事業部の活性化を託された児玉さんにとっても、イン・メソ活動終了後の現実は期待に応えるものではなかった。
　毎年実施している社員の意識調査にも、仮説を補強するデータがあった。「① 私が所属する組織（事業部）は、この１年間でよい方向に変わってきている」「② 私は、生産革新活動の効果を実感している」という問いに対し、「① よい方向に変わってきている」「② 効果を実感している」と肯定的に回答した人の割合が低下しているという結果が出たのである。
　こうして児玉さんは笹井さんの意志を継ぎ、イン・メソ活動の再生を通じてＥＲＰソリューション事業部の再活性化を図る意志を固めたのである。

細分化された段取りコミュニケーションに
形骸化の疑念を抱く

　ＥＲＰソリューション事業部の再活性化に取り組むにあたり、児玉さんは、自らに次のような課題を課した。

① 事業部員のモチベーションを取り戻すこと。
② 事業部を活性化すること。
③ 組織を"考える集団"に変革すること。

　次に、ＥＲＰソリューション事業部の4人のグループマネジャーと面談し、各グループがどのような会議を開き、プロジェクトマネジメントでどのような工夫をしているかなど、実情を探った。グループマネジャーとの面談が終わると、今度は事業部全体で約20人いるマネジャーをグループごとに集め、児玉さんとグループマネジャーによる面談を実施し、それぞれのチームをどのように育てたいか、将来の方向性について聞いた。しかし、どのマネジャーからも、インパクト・メソッドの考え方が反映されていると実感できる回答はなかった。
　さらに、約120人の全事業部員を対象とする面談を実施した。すると、事業部内のどのグループでも、段取りコミュニケーションを積極的に開催していることがわかった。
　面談を始める前は、「コミュニケーション不全があるとするなら、コミュニケーション活性化の最も重要なカギである段取りコミュニケーションが実施されなくなっているのではないか」と予想していたので、児玉さんにとっては驚きの調査結果だった。
　しかも、「朝段コミ」「明日段コミ」「今日段コミ」といった目的別

のさまざまな段取りコミュニケーションを開催していることがわかった。実際に、会議室の隅には段取りコミュニケーションに使用される手書きのボードが山のように積まれていた。
　しかし、この調査結果に対し、児玉さんはむしろ違和感を持った。

「段取りコミュニケーションという言葉が、頻繁に使われすぎていると思いました。段取りを決める会議がそれほど必要なのか。そもそも、皆が開いているのは本当に段取りコミュニケーションなのか。単なるミーティングではないか。そのような疑問が尽きませんでした」

　そこで児玉さんは、段取りコミュニケーションの実態を追加調査した。すると、日常的にたくさんの会議が開催され、チーム内のコミュニケーションは良好のはずなのに、活性化にはつながっていないことがわかった。

「想像したとおり、単なる連絡事項を伝達するためのミーティングも段取りコミュニケーションと呼ばれていましたが、私が問題だと思ったのは、チーム全員で未来の計画を立てて課題をつぶしていくという意味での『段取り』になっていなかったことです。さらにいえば、参加者全員が脳みそフル回転で課題に取り組む場になっていませんでした。要するに、段取りコミュニケーションという名の会議は開いているのだけれど、イン・メソ活動の最も重要な目的である組織と個人の成長に、だれもトライしていなかったのです」

　このような形骸化を招いた原因は、マネジャーの「**3軸3カ❷**」に対する意識の低下にあった。段取りコミュニケーションを開くには、

まずはマネジャーが自分の考え方を具体的に示さなければならない。それがなければ双方向のコミュニケーションにつながらないのだが、面談の感触からは、ＥＲＰソリューション事業部のマネジャーは「脳みそフル回転」の習慣が身についていないようだった。

　気になる状況はこれだけではなかった。メンバー全員に「将来、マネジャーになりたいか」と質問したところ、約半数が「なりたくない」と回答した。

「その理由は、『大変そうだから』『孤立している』というものでした。そのぶん給料が上がることを強調しても、『給料に見合う仕事ではない』と返ってきます。そのようなやりとりを通じて、マネジャーが目標の達成をめぐって上司と部下との間で板ばさみになっているのではないかというイメージが湧きました。それは問題・課題を知力団体戦で対応できていないことにつながります。単なる憶測かもしれませんが、チームが活性化していないことだけは、よくわかりました」

　ＥＲＰソリューション事業部のイン・メソ活動は大きく後退しており、中身をともなった活動に再生するのは容易ではないと思われた。しかし児玉さんは、一度でも本質的な革新を経験した組織なら、再び活性化させることは可能だと考えた。イン・メソ活動の再生を目指す児玉さんの格闘が始まった。

イン・メソ活動の本質は
マインドとメソッドにあり

　現場の現実を把握した児玉さんは、効果的な打ち手を選択しようと、

イン・メソ活動の本質について考えることから着手した。

「イン・メソ活動で教わったことを１つひとつ思い出して整理した結果、コンサルタントに教わったのは、"マインド"と"メソッド"ではないかと考えました。マインドとは、『自人称行動』など仕事のやり方を革新するための新しい価値観や考え方のことです。一方、メソッドとは、段取りコミュニケーションや合知合力、アウトプットイメージなど、マインドに基づく新しい仕事のやり方です」

　イン・メソ活動期間中は、毎月１回、活動内容を振り返るマネジメント状況共有会というチェックの場があり、参加者は皆、積極的にメソッドを活用しているように見えた。しかし、もしもイン・メソ活動に入る以前のマインドのまま、やらされ感を持って取り組んでいたとしたらどうだろう。おそらく活動が終了するとすぐにメソッドとマインドに対する興味をなくしてしまったのではないか──児玉さんは、このように推測した。

「イン・メソ活動のマインドに変えるためには、その基盤となるマインドにアプローチしなければならないということです。たとえば、メンバーのなかには他人に関心のない人がいます。その人に、いくらコミュニケーションを取れといっても従わないでしょう。まずは他人に興味を持つような"刺激"が必要です。
　一方、メソッドは課題を解決するためのツールです。メソッドそのものが有効でも、リーダーの『マネジメントアイデア創出力』が低ければ、成果の達成につながる適切な目標を示すことができず、その結果、メンバーのやる気はしだいに失われます。逆に、リーダーが示す

目標が適切であれば、メンバーは成果への期待感を持って、ワクワクしながら仕事に取り組むことができるのです」

**停滞・形骸化を解消し
再活性化するための打ち手**

　14年7月10日、「イン・メソ活動宣言大会」が開催された。この会を開いた意図について、児玉さんは次のように振り返る。

「停滞した活動を活性化するためには、チームで仕事をするという日常マネジメント岩盤と、それを支えるイン・メソ活動のマインドを再認識することが必要です。そのためには、何かのきっかけが必要だと考えました。通常の活動でいえば、立ち上げ研修にあたるものです。そのきっかけをどのように提供するかということを、市川執行役員や事業活性化グループと検討した結果、コンサルタントの指導のもとにメンバーやマネジャー1人ひとりが今、何をするべきかを改めて確認し、周囲に宣言する集まりを開こうという結論に達しました」

　大会には私たちも出席し、日常マネジメント岩盤が失われかけている現実と、その再構築の必要性について説明した。市川執行役員も、多忙なスケジュールを調整して出席し、メンバーの宣言を見守った。参加者全員が1日の大会でイン・メソ活動のマインドを取り戻すことは難しい。しかし児玉さんは、「何かが変わり始めるということを意識づける」という狙いは達成できたと感じていた。
　続いて児玉さんは、再活性化の具体策について検討を始めた。児玉さんは、事業部のメンバーがイン・メソ活動のマインドを取り戻すためには、お互いの業務についての関心を高めることが必要と考えてい

図表2-11 インパクト・メソッドの外側にあるもの

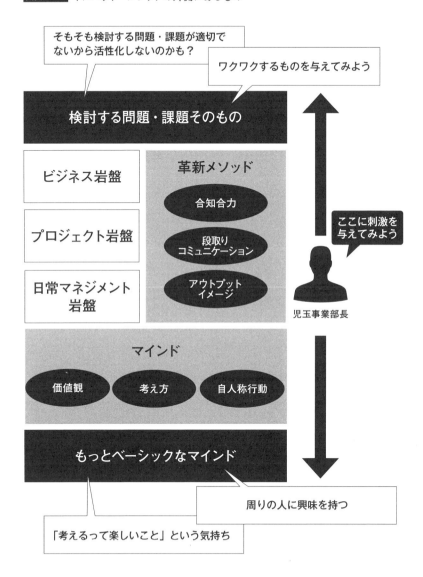

た。そこで注目したのが、毎月開催される「事業部全体会議」である。

　当時、事業部全体会議は、上部会議の決定事項や事業部長の指示を伝えるだけの会議になっていたが、児玉さんは「事業部のマネジャーやメンバーが一堂に集まる貴重な機会」と捉え、再活性活動におけるマネジメント状況共有会の場にしていこうと考えたのである。

「活動の停滞とともに、互いの業務への関心が薄れていった結果、現場は個人商店化に逆戻りしかねない状況に直面していました。そこで新しい会議では、従来のような連絡事項の伝達に加え、グループごとに実施している生産革新活動の好事例、失敗事例を紹介する時間を設けました」

　内容が一新された会議では質疑応答も活発になり、参加者の間でお互いの業務についての関心も徐々に高まっていった。

　事業部全体会議のリニューアルには、再活性化の取り組みに消極的なマネジャーやメンバーに刺激を与えるという狙いもあった。当時のＥＲＰソリューション事業部では、組織全体としては活動が停滞していたが、イン・メソ番長と呼ばれる坂本マネジャーのグループのように、一部では積極的な活動が続けられていた。これまでの経験から、成功事例の共有が組織全体のモチベーションを高めることを知っていた児玉さんは、事例発表を通じて活動のメリットを事業部全体に広げようとしたのである。その狙いは見事に的中し、事業部全体会議はモチベーション向上のために、最適な場となった。

　事業部全体会議のリニューアルは成功したと思われたが、議論に加わらないメンバーが一部にいることに児玉さんは不満を持っていた。児玉さんは、第一製造業ソリューション事業部の部長代理を務めてい

た頃、上意下達の全体会議をディスカッション型に変えようとしたことがあった。しかし、発言者が一部のメンバーに偏ってしまったために、その挑戦は失敗に終わった。

「同じ轍を踏むわけにはいかない」と決意し、改善策を検討していた児玉さんは、ふと、第一製造業ソリューション事業部のメンバーの言葉を思い出した。全体会議でいくら促しても自分の意見を述べようとしないそのメンバーに発言を促すと、次のような答えが返ってきた。

「70人のメンバーが注目するなかで、しかも目の前には事業部長が座っているのですよ。私はまだ入社2年目です。そこで意見を述べろと言われても、できるわけがありません」

　大人数が参加する雰囲気のなかでは緊張して発言できない人からも、少人数の集まりならば意見を吸い上げることができるのではないか。そう考えた児玉さんは、事業部全体会議が開かれる日の就業時間後に、全体の6分の1程度の少人数で開催される会議を発案し、スタートさせた。出席者は缶ビールを飲みながら、リラックスした雰囲気のなかでお互いの意見を述べ合っていく。会議の名称は、飲み物とおつまみの費用が500円以内に収まることから、「ワンコイン会議」と名づけた。

「8人程度のグループに分かれてテーブルに着き、昼の会議のテーマを実現するための具体策について話し合います。お酒を飲みながら、また少人数ということもあり、ひと言も話さないという人はいません。こんなに饒舌な人だったのかと驚かされることもあります。『それを昼の会議で発言してくれよ』と思うことも少なくありませんでした」

昼と夜のふたつの会議によって、ひとつの課題に対してメンバー全員が意見を出し合うという習慣が根づいていった。児玉さんはこの変化を見て、ＥＲＰソリューション事業部のなかに、再び日常マネジメント岩盤が築かれているという手応えを感じていた。
　児玉さんは変化の兆しをさらに大きく育てたいと考えた。しかし、そのためには、月に１回の会議だけでは、情報交換の機会が足りないとも感じていた。
　この頃、事業活性化グループより、社内ＬＡＮ上に開設されていた事業部専用のホームページをリニューアルしたいという提案があった。システムをツイッターのようにだれもが気軽に投稿できる仕組みに変えるというもので、実現すれば、つねに新しい活動事例が報告される。事業部のメンバーは毎日全体会議が開かれるかのように、新しい情報を得ることができる。チームやグループの垣根を越えたコミュニケーションが活発化するだろう。児玉さんが求めていた双方向の情報交流機能を備え、ホームページは生まれ変わった。

　そして事業活性化グループからはもうひとつ、「360度評価」の実施が提案された。「360度評価」は上司、同僚、部下からの指摘やアドバイスを受け、自分自身を客観的に評価し、何を直さなければいけないか、また、何をレベルアップしなければいけないかを自覚し、自己変化を起こすことを目的とする。
　その一方で、評価をするためには、業務の内容や仕事の進め方について把握しなければならない。そのため、「今、担当しているプロジェクトは順調ですか」といった会話が増えることになり、コミュニケーションの機会が増えることが期待される。児玉さんは「360度評

価」の実施に協力した。

　コミュニケーションの改善によって、マインドの変化は定着し始めていた。児玉さんは、もうひとつの課題であった「モチベーションの向上とメソッドの定着を促す課題の設定」に取り組んだ。その具体策として、4つのタスクフォースを立ち上げ、それぞれに次のような課題を与えた。

① プロジェクトリスクマネジメントタスクフォース
　（プロジェクトを成功させるための注意点を抽出する）
② 付加価値向上タスクフォース
　（製品・サービスの高付加価値化を目指す）
③ いきいき働ける職場づくり（職場の環境改善を検討する）
④ 生産革新タスクフォース（毎月1～2回の小集団活動）

　当時のＥＲＰソリューション事業部のマネジャーは、私たちがリーダーに求める3つの能力のうち、メンバーとともにアイデアを考える「マネジメントアイデア創出力」への関心が低くなっていた。児玉さんはメンバーのやる気を高める課題の設定法について、「ビジネスに取り組むうえで、目の前にあるプロジェクトの問題以外にどのような課題があるのかということを、なるべく具体的にイメージできるようにしました」と説明する。
　また、それぞれのタスクフォースは、4つのグループからメンバーが集まった混成チームとなっていた。児玉さんはその狙いを次のように説明する。

「全体会議やホームページのリニューアルによって情報共有は進みましたが、4つのグループは日常業務のなかで接点がまったくありませんでした。彼らがひとつのタスクに取り組むことで、お互いの業務に関する発見があると考えたのです」

続いて事業活性化グループの協力のもと、「大段コミ大会」が開催された。事業部のマネジャーやメンバー全員が集まり、グループごとに来期の成果（売上目標）と期初の売上見込みを確認し、そのギャップを埋めるための取り組みを検討し、結果を全員の前で発表した。

さらに児玉さんは、すべての小集団活動の現場を巡回し、課題設定や活動内容についてメンバーと意見を交換する「現場革新活動」を始めた。児玉さんは「当時は時間に余裕があったので」と謙遜ぎみに振り返るが、実際は、多忙な業務の合間を縫って時間を割いていた。

私たちも、組織のトップが現場の現実をつかみ、課題の解決に動く「自人称行動」を提唱している。現場の現実を見ることはマネジャーにとって重要な行動のひとつであり、児玉さんは、自らの「自人称行動」によってリーダーのあるべき姿を示した。

再び活性化したことで
動き出した組織

事業部長就任から2カ月が過ぎた14年6月のことである。ひとりのマネジャーが「今期は事業部のざわつきを感じています。乗り遅れ感があります」と週報に書き込んだ。

このコメントを読んだ児玉さんは、「私が目指していることを読み取ってくれた。刺激を与えたことで、事業部員のマインドが動いた」と希望を抱いたという。

「停車中のバスにエンジンがかかっていると、遅れてやってきた客は『出発してしまう、乗り遅れないように自分も急がなければ』と考えます。ざわつきとは、そのような感情に近いと思います。私がしようとしていたことは、バスにエンジンをかけて、あとから来るメンバーが駆け出したくなるのを待つことだったのだと、このとき思いました」

　その後、若いメンバーから「うちの事業部は面白くなってきましたね」と声をかけられることもあった。そして変化の兆しがはっきりと感じられるようになっていた７月のある日、ひとりのリーダーが、自人称行動を象徴するともいえる行動を起こした。彼は児玉さんに、上司であるマネジャーに代えて、自分にグループのマネジメントを任せてほしいと訴えたのである。

　ある日、児玉さんはマネジャークラスが集まる会議に出席し、ひとりのマネジャーから、グループの売上について報告を受けた。そのグループは売上目標を達成できない期が多く、児玉さんは彼の姿を見つけては声をかけ、イン・メソ活動の状況を確認していた。児玉さんはそのマネジャーについて、技術軸への関心が高い現場志向の技術屋タイプであると見ていた。反面、マネジメント軸やビジネス軸への関心が低いために、チームでビジネス成果を出すための活動に取り組むこともできず、売上は低迷していた。

　その日の報告も期末の目標達成に向けて明るい材料はなく、児玉さんは強い口調で売上の改善を求めた。そしてその翌日、リーダーからマネジャー権限の委譲を訴えられたのである。

「廊下を歩いているときに、『相談したいことがあります』と言われ呼び止められたのです。突然の申し出を受けて、最初はとまどいました。人事制度上の昇格とは異なるため、マネジメントを任せたとしても、役職、待遇、給与はチームリーダーのままだということを説明したのですが、『それでもいいから任せてほしい』と繰り返し訴えるのです。彼の訴えを聞くうちに、『下からの突き上げが組織を変えるきっかけになるかもしれない』という期待が湧き、これは本気で検討しなければならないと思いました」

　児玉さんがメンバーに確認すると、直属の部下だけでなく、このグループに所属する他のチームのメンバーも、彼のマネジメントを望んでいることがわかった。
　認めるとすれば、前代未聞の措置である。しかし、ＣＲＭグループにはマネジャー・クラス・リーダーと呼ばれる、"マネジャーの職務権限を与えられたリーダー"がいた。10年に刀禰さんがグループマネジャーとしてイン・メソ活動に取り組んだとき、グループは高いビジネス成果を上げ続けた。その結果、グループの規模が短期間で大きくなり、マネジャーの人数が足りなくなったことによる緊急措置だった。
　彼もこのマネジャー・クラス・リーダーの候補者であり、権限の委譲は前例に則（のっと）った措置と考えることもできた。そしてマネジャーの上司であるグループマネジャーも、積極的に彼を推した。
　自らグループの現実を調査した結果、児玉さんはリーダーの申し出を受け入れることを決めた。しかし、児玉さんにはもうひとつ、重要な仕事が残っていた。部下に権限を奪われることになるマネジャーの説得である。

「当社のマネジャー職にはふたつの側面があります。ひとつはいわゆる管理職で、組織を統括して、売上目標を達成し、部下を育てます。もうひとつは、専門職として、お客様に対してシステムのコンサルティングを行い、契約をとり、プロジェクトを成功させる、いわゆるプレイングマネジャーです。彼の場合、プレーヤーとしては豊富な知識と優れた能力を持っていたので、組織の運営はリーダーに譲って、しかし、技術面でリーダーシップを発揮してくれないかと、腹を割って話し合いました。最後には彼も納得してくれましたが、彼自身も適性の低い役職に就いて悩んでいたのかもしれません」

　リーダーはマネジメントの権限を譲り受けると、積極的に提案活動に取り組んだ。メンバーも彼のもとにまとまりを見せ、一丸となってビジネス成果を取りにいく体制が整った。その結果、売上は向上した。そしてマネジャーは、管理職級の専門職として専門性が求められる場面で存在感を発揮し続けている。

　児玉さんは、事業部全体に自由に意見を述べることができる雰囲気が戻りつつあると確信した。9月には私たちも参加し、活動の再開後では初めてとなるマネジメント状況共有会が開催された。私たちはＥＲＰソリューション事業部の変化に感心しながらも、アドバイスを述べた。それを聞いてマネジャーやメンバーは改革へのモチベーションをさらに高めたようだった。
　社長の倉益は、ＥＲＰソリューション事業部の成果を受けて「筋のよい革新は人を育てるということを実感した」と高く評価した。児玉さんは、この言葉を聞いて「活動の形骸化から抜け出す一歩を踏み出すことができた」と実感したという。

Case 2-5

よい組織風土をつくるために
トップがすべきこと、考えること

ゴールが見えて
個人も組織も奮い立つ

　10年6月にERPソリューション事業部で始まったインパクト・メソッドの活動は、これまで紹介してきたように、参加者たちの格闘がいくつも積み重なって高い成果に結びついた。

　ここでは個々の活動について、特徴的なポイントを振り返ってみたい。

　第1陣の事例では、グループマネジャーの刀禰さんが売上回復に奔走する状況で活動がスタートした。そして立ち上げ研修で、自分が会社から与えられたミッションと格闘するうちに、現場の現実が見えなくなっていたと気づかされた。「現場がマネジャー任せになったのは、自分が逃げていただけ」という厳しい認識から、自己変革の格闘が始まっている。

　インパクト・メソッドでは、「3つの格闘なきところに成果は生まれない」と言っている。その3つとはビジネスとの闘い、自分との闘い、周りの人との闘いである。グループマネジャーという立場から刀禰さんはこの3つの闘いを避けて通ることはできなかった。グループマネジャーは仕事の結果に責任を持たなくてはならないが、結果をつくるのは部下であり、部下の行動に責任を持たなくてはならない。つ

まり、いかにして人に成果を上げさせしめるかということが自分との闘い、周りの人との闘いになる。

　刀禰さんの仕事ぶりを長年見てきた市川さんも、その自己変革を高く評価する。

「彼は器用で、表面的にうまく取り繕って成果を出すという面もありました。しかし、マネジメントは人間が相手だから、表面的なごまかしは通用しない。正面からとことん向き合う必要があります。早い段階でそこに気づいたのは素晴らしいことですし、彼自身にとっても大きな成長だったでしょう」

　市川さんが言うように、刀禰さんがすぐ"自人称行動"に移らなければ、小林グループの革新活動は軌道に乗らなかったはずである。
　刀禰さんたちの活動がユニークな点は、早い段階から"ビジネス岩盤"を意識した点である。
　ビジネスの状況を読み、ミッションを実現するためには小林グループを何とかしなければ乗り越えられないという危機感が「チーム」というビジネスの要請を乗り越える乗り物をつくり上げた。ビジネスリーダーとして小林さんの状況や個人商店化しているチームの状況を共有し、成果目標を掲げ、鉄の意志をもってコミュニケーションを徹底的にとり、チームをつくり上げていった。
　ビジネスを背負うリーダーにとってチームづくりは重要な役割であるが、今の時代に求められるチームとは、スタープレーヤーが何人もいて活躍するチームではなく、組織の知恵を結集して闘うことができるチームである。チームが自律的に機能する、市川さんが目指した

「学習する組織」を構築することがリーダーに要求されている新たな役割なのである。

　そしてふたつ目の大きなポイントは自律的チーム（学習する組織）づくりに威力を発揮した段取りコミュニケーションである。朝段コミに始まり、提案段コミ、プロジェクト段コミ、特別プロジェクトと組織の知恵が結集するコミュニケーションがこの段取りコミュニケーションのなかで行われた。

「活動に弾みがついたのは、個々の提案状況を見える化し、新規ビジネスの特別プロジェクトを検討し始めた頃からです。そこから日常業務の革新もスムーズに進むようになりました」（刀禰さん）

「売上目標は、会社から与えられた重大なミッションです。活動成果の照準をそこに合わせれば、ＳＥにとって大きなご利益がある。活動の初期段階から"ビジネス岩盤"を視野に入れるアプローチもあるだろうと考えました」（刀禰さん）

　人と人とが仕事をするうえで情報共有をすれば仕事が進むかといえばそれだけでは不十分である。人となりを知り、考えていること、感じていることのすべてを共有（私たちは「脳みそ共有」と呼んでいる）し、ビジネスのビジョンを共有しなければチームとしての行動となり、新商品の成功につながらないことは容易に想像がつくと思う。段取りコミュニケーションは難しいコミュニケーション理論ではなく、関係者が顔を合わせ模造紙、付箋紙でコミュニケーションをとる原始的な方法論である。しかし、段取りコミュニケーションでとられてい

るコミュニケーションの質は従来レベルのコミュニケーションではないのである。

　刀禰さんは種々の段取りコミュニケーションを武器として、ビジネスの闘い、自分との闘い、周りの人との闘いを制していったのである。

自分のものになってこそ
ツールは本物

　坂本グループの活動におけるポイントとして、まず挙げておかなければならないのは、立ち上げ研修を通じて自分自身のマネジメントにフィードバックがかかったことである。

　ビジネスの要請とチームの能力のギャップを感じていた坂本さんだが、メンバー目線に立って自分自身のマネジメントスタイルを変えたことがチームを変えていくことにつながった。ビジネスで求められている要求とチーム能力のギャップが起こっている要因を自分の関わり方のなかに見出し、自人称で行動した。

　具体的には、メンバーの能力アップ、課題先取りのための脳みそ耐久力アップ、マネジャーとメンバーの新しい価値観づくりの闘いである。この３つの闘いが坂本グループのポイントとなるが、そのなかでもメンバーの能力アップ、課題先取りのための脳みそ耐久力アップは、見える化を武器として個人の能力にメスが入り、坂本さんが能力アップを導く先導者としてメンバーのところまで降りていくことができるようになった。また、見える化計画として仕事の組み立てを体系化し、繰り返し行うことで思考システムとして個人と組織の脳みそ耐久力をレベルアップさせている。

　能力アップというと、勉強会を定期的に開催する企業は多い。それはそれで否定はしないが、坂本グループの能力アップ（個人能力アッ

プ、脳みそ耐久力アップ）は、実際の業務を行うなかで取り組まれており、実践的なチーム学習である。そこでは、個人と組織の成長が実感され、見てとれるのである。これが自律的チーム（学習する組織）における学習の方法論であると私たちは考えている。また、今の時代のリーダーは、業務成果と個人と組織の成長が同時実現する多目的で高度なマネジメントが要求されているのである。

かつては、メンバーが自分ひとりで課題表を書き、その解決法を考えていた。しかしインパクト・メソッド導入後は、課題が見つかればすぐに模造紙に書き、その場で坂本さんが「だれとだれが打ち合わせたら解決するの？」と周囲に投げかけ、すべてのメンバーから知恵を借りて解決している。見える化、ワイガヤ、段取りコミュニケーションが職場の日常となっている。

人材育成も順調で、坂本さんの担当業務は一部がリーダーに任され、同様にリーダーの担当業務をメンバーに任せられるようになってきた。

坂本チームの組織変革への取り組みは社内でも高く評価され、14年に開かれた「全社生産革新大会」で最優秀賞を受賞した。

「模造紙と付箋紙を用いた見える化は多くのマネジャーが実践していますが、インパクト・メソッドのツールは自分のものとして咀嚼することで効き目はアップします。そして、あらゆるプロジェクトに徹底的に使っていく。そこがポイントだと思います」（坂本さん）

このような発想こそ、「イン・メソ番長」の面目躍如といえる。坂本さんはその後、自分のグループだけでなく、事業部全体でのインパ

クト・メソッドの推進役を任されるようになった。

**組織再活性化の
マネジメント**

　児玉さんの事例は、いったん形骸化したイン・メソ活動を再生させるプロセスが特徴的で、そこには成長し続ける組織を実現するための格闘があった。

　インパクト・メソッドを導入しているしていないにかかわらず、マネジメント革新に取り組んでいる企業であれば取り組みを継続、発展させることは共通の関心事であり、悩みではないかと思う。

　マネジメント革新は、組織の価値観、文化となり体質化されるまで継続が必要となる。

「事業部門のトップが果たす役割とは何か、と考えながら再生に取り組んできました。成果が表れた現在は、組織に刺激を与え続けることがその役割なのではないかと考えています。活気を取り戻した事業部ですが、再び活気が失われないとは限りません。そのときに今回のような再活性化策を何度も打ち続けることがトップの役割でしょう。私はあきらめませんよ」（児玉さん）

　児玉さんの言葉が示すように、私たちがお手伝いしている企業のトップからメンバーに至るまで約50社200名近くの方々が集まり、交流をした際に、マネジメント革新を継続するためにはトップの役割が大きく、トップの並々ならぬ思い、危機感が大事であるとの認識が明らかになった。また、インパクト・メソッドが導入されマネジメント革新が成功する企業はトップが率先して関わっている会社である。

「イン・メソ活動はキャンプのバーベキューのようなものです。食材を焼くには種火に風を送り、火を起こす必要があります。インパクト・メソッドは火種です。火にかけた鉄板の上に美味しそうな食材が載せられ、初めてだれもが火を起こす意味を理解して一所懸命になる。そう考えると、美味しそうな食材を用意し、彼らを刺激し続けることがトップの役割なのでしょう。そうすれば火種を消してはいけないと、だれもが思うようになります」

マネジメント革新は取り組みの歴史が長くなれば人が替わり、人が替われば考え方も異なる。それが革新を継続する難しさである。だれかが「これくらいでいいだろう」とすれば、そこで終わってしまう。

「チームの成長を促すには、つねに新しい刺激策が必要であり、しかも繰り返していかなければなりません。それはたいへんな苦労をともないます。刺激策を打つ側も、自分を奮い立たせなくてはいけない。格闘の相手は、自分の『これぐらいでいいだろう』という甘えでしょう」

児玉さんの言葉からは、トップが自分自身との格闘に打ち克たなければ、成長し続ける組織が実現されないことがわかる。

それぞれの"格闘"が
強い組織をつくる

市川さんは執行役員として４つの事業部を監督する立場になり、第一製造業ソリューション事業部、第二製造業ソリューション事業部へと活動の横展開が進んできた。

その成果は社内でも認められ、またＮＥＣグループ内でも知られるようになった。市川さんはこのような結果について早い時期から確信していたが、その理由となる出来事があった。ＮＥＣソリューションイノベータに統合される以前、ＮＥＣソフトウェアグループでは、各社持ち回りで生産革新のトップ指導会が開かれていた。第１陣が活動の最中にあった１０年６月２３日、市川さんたちはＮＥＣソフト主催の指導会で、イン・メソ活動について発表した。

「ＮＥＣグループの幹部も聞きにくるので、これはいいアピールの機会だと思いました。私たちの活動事例は、他の生産革新と違って非常に面白いと好評を得ました。さすがに幹部のなかには『昔の職場はこうだったよ』と活動の本質を見抜かれた方もいました。我が意を得たりの思いですね。だれが見ても結果は明らかだったのです」

　事業部のトップには、会社方針に沿って業績目標を達成するというビジネス成果が第一に求められる。マネジメントの格闘はそのゴールを目指して繰り広げられる。市川さんは０６年に事業部長となり、「マネジメントとは何か」を問い続け、「強いマネジャーをつくるための、学習する組織」という目標にたどり着いた。そしてその方法論を模索するなかで、私たち、そしてインパクト・メソッドと出合った。

「マネジメント状況共有会や段取りコミュニケーションなどの取り組みによって、ＥＲＰソリューション事業部は私が目指した"学習する組織"に変わりつつあります。しかし、私自身は"強いマネジャー"に成長したのでしょうか。この点については、いつになっても自信が持てず、『まだ甘い』が口癖になっています。イン・メソを実践でき

ているか、厳しくかつ人にやさしいマネジャーであるのかと、自分に問いかける毎日です」

　つねにマネジメントスタイルを振り返り、自己革新を目指す市川さんの格闘は、イン・メソ活動を通して、刀禰さんや児玉さんたちマネジャーの格闘、小林さんや坂本さんたち現場の格闘へと広がっていった。

「ＥＲＰソリューション事業部にはパートナー社員も含めて200人近い開発スタッフがいます。それだけ数がいれば、私が表面的なことしか知り得ない人たちがいて当然ですが、毎月のマネジメント状況共有会に参加していると、現場スタッフの個性がだんだん見えてくる。しかも意識と行動が変化し、すごいスピードで成長する。マネジメントの立場としては、組織の成長が実感できて純粋に楽しいですよ」

　坂本グループの今井豊さんもそのひとりだった。市川さんが採用面接で認めた高い技術力が、イン・メソ活動によって表に出るようになった。

「他人と話すなかで、自分は技術の探求が好きで得意なんだと気づいたのでしょう。その経験と自覚から急速に成長したように感じました。活動中に見違えるほど変わったのは彼だけではありません。彼を指導した坂本マネジャーも大きく成長しています。イン・メソ活動によってマネジャークラスは徐々に変化し、本当に強いマネジャーが育ってきました。個人も組織もまず変わること。それが成果の第一歩です。個々のメンバーが仕事を通して育ち、組織全体も現状に留まることな

く育ち続ける。それは明らかに疲弊した組織とは逆のベクトルです。むしろ変化から逃げれば、結果的に疲弊していく。個人が活かされ、チーム全体、組織全体で相乗効果を生むのが本来のマネジメントであり、そのための格闘なのです」

　インパクト・メソッドでは、ビジネス成果の達成と、個人と組織の成長の同時実現を目指す。ＮＥＣソリューションイノベータの実践活動は、マネジメントの格闘を通して、そのゴールへと至ることを物語っている。

おわりに

　本書で紹介した明星電気様、NECソリューションイノベータ様の実践事例は、2014年10月に開催した私たちの「第3回インパクト・メソッド導入企業事例交流会」でも、実際の活動を進めた方々にそれぞれ約1時間半にわたり、インパクト・メソッド導入企業の多くの方々に対し発表していただいた。
　会場では付箋紙をお配りし、発表内容のなかで特に印象深かった点、注目した点などを自由に記入していただくことにした。発表会のあとに催したワイガヤ交流会で、参加者の方々にそのメモを披露してもらったところ、発表に関する深い共感とマネジメントについての学びの内容が多く見られた。
　それは、当事者が最も悪戦苦闘した場面、つまり「格闘」のエピソードから感じとったマネジメントに関する認識であり、会社も立場も違う方々の共通認識でもあった。同じマネジャーの立場、メンバーの立場として、強く心の琴線に触れるのは、苦境を乗り越え、大きく飛躍する瞬間の姿であることが改めて実感された。
　本書はそのときの発表内容に基づき、さらに詳しい活動実践内容を事例集としてまとめたものである。ここに表れたさまざまな「格闘」は、おそらく読者の胸にも響くに違いない。
　本書は、私たちにとって5冊目の書籍であり、実践事例集としては第3弾にあたる。

2009年に上梓した『開発チーム革新を成功に導くインパクト・メソッド』は、私たちにとってコンサルテーションの基礎となる考え方を示したものだが、それから6年が経過するなかでも、インパクト・メソッドの活動内容は進化し続けている。本書で打ち出した「マネジメントは格闘技」のコンセプトも、その進化の一部といってよい。今後また多くの方々と革新活動を進めるなかで、ビジネス環境の変化に応じた新しいコンセプトが職場の現実から生まれてくることも大いに期待していただきたい。
　「はじめに」でも触れたように、本書の制作にあたっては、明星電気様とNECソリューションイノベータ様に多大なご支援をいただいた。重ねて御礼申し上げる。

　2015年7月

株式会社インパクト・コンサルティング
代表取締役　倉益幸弘

インパクト・メソッド用語集

あいまいなスタート

職場の3大慣習のひとつ。最終目標だけでなく、プロジェクト進行上の各ポイント、仕事を進める手順などが上司によって明確に示されずに「丸投げ」状態で仕事がスタートすること。結果として、担当者は「あと出しジャンケン」によるやり直しを何度も命じられ、やらされ感からメンバーのモチベーションがどんどん下がっていく。このとき上司は十分に説明したつもりか、細かい点まで説明できていない場合が多い。仕事のスタート時に部下が完全に理解するまで説明していれば、そのロスは防げるが、その労力を惜しみその何倍もの時間と労力が無駄遣いされるため、あいまいなスタートは職場全体に大きなロスを生む。

変えたいことを指し示す力

マネジャーに求められる**3軸3力**の「3力」のひとつ。「3力」とは革新への思いを具体的なマネジメントの形に展開し、変えていく力を指す。具体的には「変えたいことを指し示す力」「マネジメントアイデア創出力」「変える実行力」である。
変えたいことを指し示す力は、仕事のやり方や組織を変えることへの思いの強さ、変えてレベルアップしたい仕事のやり方をメンバーと共有していける力である。

変える実行力

仕事のやり方やマネジメントの仕方など、組織を変えるための実行力。仲間とともに実行できる力のこと。「**変えたいことを指し示す力**」参照。

技術バラシ

未来を見る中身計画の仕事の質を保証する「質の計画」のなかで節目ごとのアウトプットイメージを明確化し、目標に対する技術課題を抽出し、技術解決方針を決めること。「**中日程**」参照。

合知合力

チーム内で知恵を出し合い（合知）、力を合わせて（合力）業務を遂行していく価値観のこと。仕事は会社のものであり、組織で取り組み進めていくものであるという考え方がその前提となっている。「合知」では組織目標達成のために業務に生じる問題・課題を全員の知恵を合わせて解決していく。「合力」ではお互いに応援できる態勢をとっていく。合知合力のチーム力が発揮されると、仕事のやり方が「個人戦型」から**「知力団体戦型」**に変わる。

個人商店化

職場の3大慣習のひとつ。業務が個人に割りつけられることによって担当者はひとりで考え、ひとりで作業することになるため、周囲から孤立した状態になりやすい。個人商店化した職場では、個人の能力に依存し、お互いの業務状況も見えなくなるため、納期遅延やトラブル対応の遅れなど、チームのパフォーマンスが低くなる。また、個人なりの仕事のやり方になるため、何度も同じ失敗を繰り返したり、人から技術を学ぶ機会が少なくなるなど、人材育成面での弊害も大きい。

コミュニケーション革新

3つの革新のうちのひとつ。仕事の段取り、すなわち仕事の「計画」をマネジャーとメンバーでともにつくるためのコミュニケーションを活発化させること。そのためにコミュニケーションを計画化（ミーティングの内容、実施タイミングなどの計画）し、face to face、双方向、ワイガヤ、オープンマインドでコミュニケーションをとる。また、過去の結果確認ではなく、未来に実現したい結果についてマネジャーとメンバーがお互いの頭のなかの思考イメージを書き出し、視て、考え、しゃべるという脳みそをフル回転させ、考え抜く仕事の**段取りコミュニケーション**をとる。

※文中の太字は用語集内に解説がある語句を指す。

インパクト・メソッド用語集

コミュニケーション状態図
立ち上げ研修時に「**吐き出し**」をもとに、現状の職場のコミュニケーション状態がどのようになっているのかを描いたもの。

コミュニケーション不全
職場の3大慣習のひとつ。職場内で特に問題になりやすい仕事の授受と進捗管理におけるコミュニケーションが円滑に行われていないこと。そうなってしまう要因は、①マネジャーとメンバー間のコミュニケーションが、過去の結果の追及に時間が割かれること、②全メンバーが集まる会議の場でも、お互いの意見交換がされず、参加者の知恵が活用されない、③1対1のコミュニケーションでも上司による一方的な確認、指示、命令になっている、などが挙げられる。このような典型的な職場の慣習は、パフォーマンス低下の要因になる。

3軸3力
チームに革新を起こすマネジャーに必要とされる「マネジャーの思い」（3軸）と「変える力」（3力）のこと。具体的には3軸は、ビジネス、技術、人間の3軸に対する思いであり、3力は、変える力に着目し、「**変えたいことを指し示す力**」「**マネジメントアイデア創出力**」「**変える実行力**」の3つの力のことである。コンサルティング経験から実在したチームに革新を起こせるマネジャーに共通した内容として整理した。P205の図参照。

三層図
好結果を実現するために取り組む新しい仕事のやり方について、短期、中期、長期の時間軸のなかで、①実現したい業務の好結果、②実現したい結果を導く仕事のやり方、③チームマネジメント状態と人の成長、の3つを関連づけて描く成長シナリオ。基本例はP76に掲載。

付録 | インパクト・メソッド用語集

仕事バラシ

チーム内の仕事の内容の「量」にフォーカスして見える化し、「検討すべき作業内容」「行動内容」「作業負荷」の見える化を行うこと。チームのマネジャー、メンバー各人の作業量を見える化することにより、チーム内における仕事の配分の最適化や、将来の作業について具体的にイメージを持てる効果がある。

自走期間

インパクト・コンサルティングのコンサルタントの指導から離れて、体得したインパクト・メソッドを職場内のマネジャーとメンバーだけで実践し

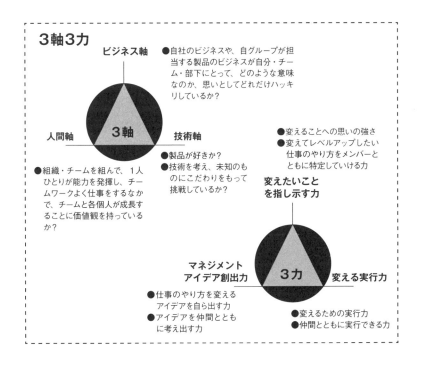

※文中の太字は用語集内に解説がある語句を指す。

205

インパクト・メソッド用語集

ていくようになること。

自人称行動

全員が自分の役割を自覚、発揮するリーダーシップを持ち、実現したいことに向け、自らが人に働きかけ、課題解決に挑戦し続ける人の集団になることをインパクト・メソッドで実現する。そのため、他人責任ではなく、自分責任でものごとを考えて行動することが求められ、「マネジャーである私が○○します」「リーダーである私が○○します」「メンバーである私が○○します」といった「私」主語で行動することをいう。

職場の３大慣習

頭脳労働者集団における、好結果につながらない、個人と組織が持っているやり慣れた仕事のやり方、マネジメントのやり方をマネジメント慣習と呼んでいる。業種業態にかかわらず、開発部門の職場にはびこる共通したマネジメント慣習として、①**コミュニケーション不全**、②**個人分業と個人依存（個人商店化）**、③**あいまいなスタート**があり、この３つを職場の３大慣習と呼んでいる。

相談会

チーム単位でチームマネジメント状態および実践内容やマネジメント改善の方向が妥当かをコンサルタントと確認する場。チームマネジメント改善の停滞を防止する。開催頻度は月１回、約１時間半から２時間で行われる。

大日程

プロジェクトの特性にもよるが、期間層別にした計画のなかで通常は長期の計画を指し、プロジェクトのスタートから終了までのマスタープランやマイルストンすべてが示された推進大工程の場合もあれば、長期のマスタープランや推進大工程の一部（たとえば、３年計画のなかの１年目の計画）となることもある。

立ち上げ研修

幹部マネジャーからメンバーまで、対象となる部署の全員が参加するインパクト・メソッドの導入研修。対象者全員でインパクト・メソッドの考え方および日常マネジメントにおける活用の仕方を理解する。同時に、活動のスタートにあたってマネジメント上の不平不満を書き出し、**マネジメントスタイル図**、**コミュニケーション状態図**といった「絵」に表現、発表することによりマネジャーとメンバーで「仕事のやり方」「マネジメントの仕方」に関する本音を共有する。これによりワイガヤムードをつくり、メンバーが本音で意見を出すことができるオープンマインド状態をつくる。

段取りコミュニケーション

チーム内のプロジェクトや業務に関する技術的な問題・課題や、マネジメントに関する問題・課題をチームで早期解決することを目的として行うミーティング。開催スタイルは、チーム全員が参加して見える化共有を図りながらワイガヤ方式(ワイワイガヤガヤとオープンに話し合うこと)で、仕事段取り(計画行為)のコミュニケーションをとることを定例化する。定例のコミュニケーションイベントとすることで日常マネジメントに組み込み、当たり前化する。

チームワーク革新

3つの革新のひとつ。仕事のやり方を人に仕事がついた「個人戦型」からチームの知恵を結集する「**知力団体戦型**」に変える。そのため、**合知合力**を価値観とするチーム運営、それぞれの職位に応じた役割の発揮と、自分の役割発揮のために他人に働きかけるリーダーシップをとることが求められる。「**合知合力**」「**自人称行動**」参照。

中日程(作業計画)

未来を見る中身計画は長期、中期、短期での期間層別での見える化を行

※文中の太字は用語集内に解説がある語句を指す。

インパクト・メソッド用語集

い、結果を保証するために、仕事の質を保証する「質の計画」(節目ごとのアウトプットイメージ明確化、アウトプットイメージに対する技術課題と解決方針〔**技術バラシ**〕、課題解決のための考え方や手順の見える化〔**作戦ストーリー**〕)と、仕事の量を保証する「量の計画」(作戦ストーリーに沿った作業分解と中日程、小日程への展開)を行う。中日程は中期(1〜3カ月程度)の量の保証を行う計画である。具体的には課題解決の考え方、手順が作業に落とし込まれ、作業内容、行動内容が見える化される。また、負荷量も見える化される。

知力団体戦

合知合力のコンセプトがチーム内に浸透すると、**個人商店化**していた職場は、お互いの知恵を持ち寄りながら問題・課題解決を行うようになる。チーム力アップが図られると、経営上位層からメンバーまで全員が各人の解決すべき対象が明確化され、各層の人が、それぞれの役割を理解し、それぞれにリーダーシップをもって主体的に行動するようになる。こうした状態で問題・課題と格闘する状態をインパクト・メソッドでは「知力団体戦」と呼ぶ。

日常マネジメント岩盤

インパクト・メソッドの活動はステップを踏んでマネジメント水準を上げていく。最初のステップは日常のマネジメントを盤石にする「日常マネジメント岩盤」、2番目のステップがプロジェクトのマネジメントの仕方を革新する「**プロジェクト岩盤**」、最終ステップが経営成果に直結するような仕事のやり方やマネジメントの仕方に革新する「**ビジネス岩盤**」である。日常マネジメント岩盤では、日常業務がすっきり、スムーズに遂行される日常の仕事のやり方、マネジメントの仕方を実現する。マネジメント革新は、日常のマネジメントの基盤が盤石にならない限り、高度なマネジメント革新に取り組んでも崩れてしまうため、インパクト・メソッドではまずしっかりした日常マネジメント岩盤形成を行う。

脳みそフル回転

知力団体戦で開発プロジェクトに取り組んでいるチームが、今後起こりうるさまざまな状況を想定し、頭のなかを書き出し、議論し徹底的に未来を考え抜く状態のこと。「**コミュニケーション革新**」参照。

吐き出し

マネジャー、メンバーがそれぞれの立場で職場の状況に対する不平不満や問題意識を書き出して職場の問題点を明らかにすること。**立ち上げ研修**では、職制別のグループに分かれて吐き出しを行い、日頃の不平不満を本音、他責で出すため、メンバーは上司批判も書き出し、上司はそれを受け止めることで本音が言える雰囲気をつくり出す。**立ち上げ研修**に限らず各チームがチーム運営を良好な状態にするために独自で行うこともある。

飛越式

インパクト活動１年間の活動を修了し、マネジメント革新された経過と変化、成果の共有確認を行うイベント名称。問題や課題を飛び越えた（解決した）という状態をたとえている。また、さらなる革新に向けた目標の共有と革新余地の共有を行う。

ビジネス岩盤

ビジネス岩盤では、新規ビジネスの創出や既存のビジネスがすぐにでも経営成果につながる仕事のやり方に革新することを目指し、部門の垣根を越えた全社的な取り組みとなる。「**日常マネジメント岩盤**」参照。

プロジェクト岩盤

プロジェクトの成果が恒常的に実現できる仕事のやり方、マネジメントの仕方を実現することを目指す。たとえば、開発プロセスを革新してフロントローディングを実現することや、コスト目標を実現する仕事のやり方に

※文中の太字は用語集内に解説がある語句を指す。

インパクト・メソッド用語集

革新するなどが挙げられる。「**日常マネジメント岩盤**」参照。

マネジメントアイデア創出力

マネジメントアイデア創出力は、仕事のやり方を変えるアイデアを自ら出す力、アイデアを仲間とともに考え出す力である。具体的なマネジメント革新アイデアを創出するためのマネジメントリーダーシップが求められている。「**変えたいことを指し示す力**」参照。

マネジメント状況共有会

チームのマネジメントおよび仕事のやり方、個人の成長に関してＰＤＣＡが回る組織風土づくりを狙いとして、月に１度、同時期に活動をスタートしたチームが集まり、１カ月間のマネジメントおよび仕事のやり方、個人の成長に対する工夫と実行内容の振り返りと結果、次月に向けた工夫などを発表し合う場。チームマネジメントの状態を公然化し、チーム、メンバー間のマネジメント改善に対する相互刺激、見えにくい成果の共有、人材発掘、プレゼンテーション訓練を目的としている。

マネジメントスタイル図

立ち上げ研修時に、吐き出しをもとに、職場の現状を描く絵のこと。メンバーの職場イメージを視覚的に表現することで、マネジメントの歪みを浮かび上がらせる効果がある。

マネジャー研修

インパクト・メソッドの職場全体の活動に先立ち、経営幹部・マネジャーがマネジャーとしての心構えを理解し、自部署の現状および問題・課題と自部署のありたい仕事のやり方を描き、解決のために自分がどう行動するかを検討する研修。

見える化研修

「見える計画」の立て方に関する考え方の理解および計画行為がマネジメント行為（問題・課題解決行為）であることの実践体感を狙いとして実施する。また、マネジャーは現在の職場状況から仕事のやり方をどう変えていくかのイメージを見える化していく。

3つの革新

職場の3大慣習を解消するために行うマネジメント革新「3つの着眼」のこと。具体的には「**コミュニケーション革新**」「**問題・課題解決革新**」「**チームワーク革新**」の3つからなる。

問題・課題解決革新

3つの革新のひとつ。開発プロジェクトは進行中に多くの問題や課題に直面するが、計画段階で問題と課題を明らかにして解決策の検討を行い、あらかじめ計画に織り込んでおくこと。事前課題解決がポイントとなる。インパクト・メソッドで作成する見える化ボードには問題・課題とその対策が書き出され、プロジェクトの全体状況と仕事の進め方がマネジャー、メンバー間で共有される。
コミュニケーション革新の「face to face」「双方向」「ワイガヤ」「オープンマインド」「未来型」は、問題・課題解決革新を進めるうえでの必須条件である。「**コミュニケーション革新**」参照。

問題と課題の洗い出し

段取りコミュニケーションを行うなかで、事前課題解決を行うために今後の開発プロジェクトにおいて、現在の問題と将来に起こりうる問題としての課題をあらかじめ抽出していくこと。

※文中の太字は用語集内に解説がある語句を指す。

【参考文献】

『開発チーム革新を成功に導くインパクト・メソッド』
インパクト・コンサルティング 著（実業之日本社）

『アナログコミュニケーション経営』
倉益幸弘 著（実業之日本社）

【会社概要】
株式会社インパクト・コンサルティング
(IMPACT Consulting Ltd.)

所　在　地	〒141-0022 東京都品川区東五反田1-21-10 東五反田I-Nビル3階
代表取締役	倉益幸弘
設　　立	2001年4月
事業内容	知力生産性向上による経営革新のコンサルティング 研修、社員教育、セミナー
連　絡　先	TEL 03-5475-1355 FAX 03-3440-5020 E-mail info@impact-consulting.jp
ウェブサイト	http://www.impact-consulting.jp/

【著者プロフィール】

久保昭一（くぼ・しょういち）
印刷会社にて材料開発を経験後、研究開発マネジメントのコンサルティングに従事。2001年インパクト・コンサルティング設立に参画。技術系マネジャーのマネジメント力向上の実践指導には多くの支持がある。同社パートナー。本書ではＮＥＣソリューションイノベータ様を担当。

布施 肇（ふせ・はじめ）
半導体検査装置関連機器の技術営業を経験後、2007年にインパクト・コンサルティング入社。入社以降、日常マネジメント革新のコンサルティングに従事。「人がイキイキと仕事ができる職場をつくること」を信念に日々コンサルティングの現場で問題解決に取り組んでいる。本書では明星電気様を担当。

内田士家留（うちだ・しげる）
ホワイトカラー部門のマネジメントに関するコンサルティングに従事後、2004年インパクト・コンサルティングに入社。同社パートナー。営業、企画担当としてインパクト・メソッドの普及およびインパクト・メソッド導入企業交流会を通じた導入企業間の交流を推進している。本書では、コンサルタントとともに事例におけるインパクト・メソッドの考え方と効用についての解説と、インパクト・メソッド用語集を担当。

マネジメントは格闘技
成功事例に学ぶ「インパクト・メソッド」Vol.3

2015年8月5日　初版第1刷発行

著　　者	インパクト・コンサルティング	
	久保昭一／布施肇／内田士家留	
発　行　者	増田義和	
発　行　所	株式会社実業之日本社	

〒104-8233
東京都中央区京橋3-7-5 京橋スクエア
TEL ［編集］03-3535-2482 ／［販売］03-3535-4441
http://www.j-n.co.jp/
小社のプライバシーポリシーは上記ホームページをご覧ください。

印刷・製本所　　大日本印刷株式会社

©IMPACT Consulting Ltd. Printed in Japan 2015
ISBN978-4-408-41189-7
落丁本・乱丁本は小社にてお取替えいたします。
定価はカバーに表示してあります。